OUTROS JUNHOS VIRÃO

OUTROS JUNHOS VIRÃO

protestos organizados em rede e as democracias radicalizadas

Mário Messagi Júnior

KOTTER
EDITORIAL

Coordenação editorial: Sálvio Nienkötter
Editor-adjunto: Raul K. Souza
Revisão: Guilherme Conde Moura Pereira
Projeto gráfico e editoração: Bárbara Tanaka
Fotografia da capa: Fábio Pozzebom/Agência Brasil
Produção: Cristiane Nienkötter e Maria Luiza Carvalho

Dados Internacionais de Catalogação na Publicação (CIP). Angelica Ilacqua CRB-8/7057

Mário Messagi, Mário
Outros junhos virão : protestos organizados em rede e as democracias radicalizadas / Mário Messagi Júnior. -- Curitiba : Kotter Editorial, 2019.
148 p. (Ensaios brasileiros)

ISBN 978-65-80103-37-9

1. Movimentos de protesto - Política - Brasil 2. Redes sociais on-line 3. Ciência política I. Título

CDD 303.484092

19-1060

Texto adequado às novas regras do acordo ortográfico de 1990, em vigor no Brasil desde 2009.

Kotter Editorial
Rua das Cerejeiras, 194
82700-510 | Curitiba/PR
+55 41 3585-5161
www.kotter.com.br | contato@kotter.com.br

Feito o depósito legal
1ª edição
2019

Junho de 2013 mudou o Brasil. Os protestos massivos que abalaram o país surgiram sem explicação aparente, cresceram e se diluíram, arrastando para uma encruzilhada a democracia brasileira. Este livro é um esforço para explicar, com dados empíricos coletados em pesquisa com jovens de 15 a 29 anos de Curitiba, o que aconteceu, para compreender as mudanças em curso nas formas de participação política e a emergência das democracias radicalizadas. No futuro que o presente constrói hoje, estão abertas as portas de um passado obscurantista. Esta obra oferece pistas valiosas de como não pisar neste caminho.

Este livro não seria possível sem a participação dos alunos de primeiro ano de graduação em Comunicação, da UFPR, em 2013. Meu projeto de envolvê-los num trabalho de pesquisa mais efetivo me trouxe até aqui. A eles, dedico esta obra.

SUMÁRIO

Este livro sintetiza as percepções e formulações teóricas acerca das jornadas de junho de 2013 que serviram como base para a elaboração de um questionário fechado sobre o tema aplicado no segundo semestre de 2013 a jovens, entre 15 e 29 anos, de Curitiba, bem como os dados obtidos com esse procedimento. As formulações iniciais foram confrontadas com os resultados obtidos e confirmadas, negadas ou ajustadas. A forma de aplicação foi presencial, com autoaplicação supervisionada. Ou seja, os aplicadores orientavam os entrevistados, mas os entregavam o questionário com uma caneta, mantendo alguma distância para evitar constrangimentos. Todo o procedimento foi escolhido para minimizar a interferência nos dados oriunda da presença do pesquisador.

O processo foi inteiramente realizado com duas turmas de primeiro ano de Comunicação da UFPR, desde a discussão das perguntas a pré-testes, aplicações, supervisão, tabulação e geração de gráficos. Tudo isso com apoio de um mestrando em Comunicação. Foram feitas 659 entrevistas, mas apenas 581 fazem parte do banco de dados. As demais foram descartadas em supervisão ou por outros motivos. Os últimos dados foram agregados no segundo semestre de 2015 e este livro foi redigido no primeiro semestre de 2016.

Já o prefácio sobre os coletes amarelos na França foi escrito em abril de 2019.

Tous ensemble: o junho francês

Prefácio

A história dos protestos dos coletes amarelos na França começou em 15 de junho de 2016. Naquele dia, o governo socialista de François Hollande ratificou o Acordo de Paris, elaborado pela COP21 – Conferência das Nações Unidas sobre Mudança Climática, realizada na França entre 30 de novembro e 11 de dezembro de 2015. O acordo foi firmado por 195 países. Destes, 186 anunciaram medidas para reduzir as emissões de gases causadores do efeito estufa.

Até aquele momento, apenas 17 pequenos países, em geral em ilhas ou com costas marítimas ameaçadas, ratificaram o acordo, que precisava, no entanto, ser ratificado por 55 países responsáveis por pelo menos 55% das emissões de gases para entrar em vigor. O gesto de Hollande, conclamando mais países europeus a seguir seus passos, tinha muita grandeza histórica.

A ideia de Hollande parecia simples. E muito justa. A França sobretaxaria a gasolina e o diesel, desestimulando o consumo de combustíveis fósseis. A meta, ousada, era chegar a 2050 utilizando apenas fontes energéticas limpas, como a eletricidade. Além disso, os recursos obtidos com esses impostos seriam investidos em projetos ambientais e na pesquisa de novas matrizes energéticas. Previsto para entrar em vigor em 2018, tal aumento de impostos seria colocado em prática pelo governo seguinte, de Emmanuel Macron, um centrista, ex-banqueiro, eleito na onda de renovação que varreu os partidos tradicionais franceses na eleição de 2017. No dia 7 de maio daquele ano, Macron obteve 65,8% dos votos em segundo turno contra a candidata da extrema-direita Marine Le Pen.

O aumento de impostos seria de 15% para a gasolina (R$ 1,05, por galão) e 23% para o diesel (R$ 0,53 por galão). Deveria ter acontecido em 17 de novembro, mas, nesse dia, as manchetes dos jornais não trataram de clima ou energias limpas. Eclode o junho francês: 282 mil manifestantes tomam as ruas de Paris, 73 são detidos, 409, feridos e dois, mortos, segundo o *Le Figaro* e o Ministério do Interior. No fim de semana seguinte, 166 mil voltam às ruas, com 307 detidos e 84 feridos. Os protestos ocorrem sempre aos sábados. No seguinte, em 1º de dezembro, os distúrbios são os mais violentos, com 136 mil manifestantes, 630 são presos e 263, feridos. Macron cancela o aumento dos impostos no dia 5 de dezembro, mas as manifestações não param. No dia 8, são 125 mil franceses protestando novamente, com um saldo de 1220 presos e 264 feridos. Há um temor de que o sentimento de revolta se espalhe por outros países europeus.

Violentos durantes os atos, os manifestantes, chamados de coletes amarelos (*gilets jaunes*) jogam um caminhão de esterco na frente do palácio do governo, picham o arco do triunfo, quebram a estátua de Marianne, dentro do Arco do Triunfo, um dos símbolos da França. Mas quem são eles?

Os coletes amarelos não fazem parte de nenhuma entidade social organizada, não têm líderes, não representam nenhum partido. São muito visíveis, mas é difícil compreendê-los. Suas causas são difusas, ainda que o aumento dos impostos sobre os combustíveis tenham sido o gatilho dos protestos. Fazem parte da classe média de pequenas cidades ao redor de Paris. Todos querem combustível barato, alguns lutam por igualdade, por melhores serviços públicos, outros reivindicam a renúncia de Macron. Em geral, atacam o sistema político francês, a esquerda e a direita, de Hollande a Macron, todos representantes do mesmo problema.

Ao longo dos últimos anos ou décadas, estas pessoas sofreram os efeitos das baixas taxas de crescimento populacional na França, que nos últimos 17 anos oscilaram de 0,35% a 0,59% por ano. A população francesa está envelhecendo, o que levou os últimos governos, independente da coloração ideológica, a fazerem reformas no sistema de previdência. Além disso, com o fluxo migratório para as grandes cidades, houve diminuição da população nas cidades médias e a redução de postos de serviços públicos. Isso fez com que os franceses dessas cidades dependessem muito mais do carro para irem a escolas públicas, postos de saúde públicos, entre outros. Isso num país onde a classe média efetivamente usa os serviços públicos.

A isso se somaram as baixas taxas de crescimento econômico. Nos últimos 17 anos, o melhor foi 2007, com crescimento de 2,1% do PIB. Em 2009, houve recessão (2,5% negativos) e a taxa de crescimento, nos demais, nunca passou de 1,7% ao ano. Esse quadro levou à degradação dos serviços públicos, sobretudo onde a população está diminuindo. Há um processo de desindustrialização, os empregos ficaram mais distantes ou mais precários, segundo Breno Altman[1]. Tudo isso aumentou a dependência dos carros e criou um mal-estar generalizado.

Esses elementos tornaram o aumento dos impostos no combustível o estopim perfeito, colocaram a classe média francesa das cidades médias no centro da disputa, elegeram os coletes amarelos como o símbolo do movimento. Pela lei francesa, todos os motoristas têm de ter tal colete no carro, caso seja necessário sair do veículo por algum sinistro ou avaria. Servem para sinalizar e para evitar novos acidentes. Eram o uniforme perfeito: todos o tinham e ainda aumentavam a presença visual dos manifestantes. Falta apenas um elemento: a organização distribuída.

---

1 Disponível em: <https://www.youtube.com/watch?v=vDQeG3o2JoA>. Acesso em: 09 de abril de 2019.

O movimento, sem líderes e "organizado pelas redes sociais"[2], só existe pela possibilidade de organização horizontal e pelas muitas mãos que as redes sociais permitem, seja o Facebook, o Orkut ou o WhatsApp. Em todos os casos, não há protagonismo de alguma entidade ou líder, mas o resultado do esforço coletivo de fazer algo, "*tous ensemble*", como gritavam os manifestantes em coro nas ruas. Todos juntos, nas ruas e nas redes. Esse tipo de manifestação só funciona quando há uma grande massa convergindo para uma mesma ação, mas essa unidade é muito difícil de sustentar. Em pouco tempo, as divergências aparecem, as pautas variam, os líderes se autoproclamam e são renegados. O movimento consegue força, mas não direção. E se torna uma esfinge para o sistema político, incapaz de explicar, ela própria, a que veio.

A esfinge distribuída é capaz de formular o enigma, mas não conhece a resposta. Como aconteceu no Brasil, o movimento era praticamente impossível de explicar, tanto sua existência quanto seus objetivos. Macron reagiu como pôde, mas suas manifestações públicas eram a comprovação da sua estupefação. No Twitter, o presidente francês escreveu: "Nenhuma causa justifica que as forças de ordem sejam atacadas, que os comércios sejam saqueados, que edifícios públicos e privados sejam incendiados, que transeuntes ou jornalistas sejam ameaçados, que o Arco do Triunfo seja manchado."

Assim dito, impossível discordar de Macron, mas a população discordava. Em matéria do *Estadão Conteúdo*, de 4 de dezembro de 2018, o resumo da situação era o seguinte: "Dois em cada três franceses apoiam as manifestações dos coletes amarelos, segundo a pesquisa de opinião Opinion Way, lançada na quarta-feira 28 de novembro. E 78% da população pensa que as medidas tomadas por Macron para limitar o impacto do aumento são insuficientes. A popularidade de Macron está em baixa,

---

2 Disponível em: <https://www.em.com.br/app/noticia/internacional/2018/12/04/interna_internacional,1010488/coletes-amarelos-conheca-os-protestos-que-chacoalham-a-franca.shtml>. Acesso em: 09 de abril de 2019.

de acordo com a pesquisa do Ifop-Fiducial divulgada nesta terça-feira, 4, pela revista *Paris Match* e pela Sud Radio. No levantamento feito na semana passada, o total de franceses que apoiam o presidente caiu para 23%, 6 pontos porcentuais abaixo do registrado no mês passado"[3].

Sem comando claro, organizado em redes, com pauta ampla, o movimento não oferece formas de diálogo para o poder público. Passa a ser objeto de disputas de narrativa, normalmente lideradas pelos extremos ideológicos, no caso da França, a extrema-direita nacionalista liderada por Marine Le Pen e a esquerda socialista anticapitalista. O centro, centro-esquerda e centro-direita em geral perdem a disputa da narrativa do movimento, da atribuição de sentido, pois são os alvos, são o próprio sistema político que os manifestantes combatem.

Le Pen não tardou a tentar dar o sentido que lhe interessava ao movimento, alegando que não é preciso subir impostos, porque é possível manter os serviços públicos, gastando menos com imigrantes e com a comunidade europeia. Em suma, apontou os adversários de sempre. Pela esquerda, Ramin Mazaheri apresenta outra versão. Os protestos dos coletes amarelos são a continuidade dos protestos gigantes de 2010, contra a reforma na previdência da França, sob o governo de Nicolas Sarkozy, que juntaram milhões nas ruas, e dos protestos contra as políticas de austeridade de François Hollande. Diz ele: "Podemos pois, sempre em termos conservadores, estimar que o cidadão médio perdeu 18% do próprio salário em termos reais desde 2008, tudo porque sempre se seguiram ideias econômicas de 'austeridade'"[4]. Os protestos são um desconforto com o capitalismo, com a diminuição do estado de bem-estar social, com a taxação dos mais pobres, com a proteção do capital.

---

3 Disponível em: <https://www.em.com.br/app/noticia/internacional/2018/12/04/interna_internacional,1010488/coletes-amarelos-conheca-os-protestos-que-chacoalham-a-franca.shtml>. Acesso em: 09 de abril de 2019.

4 <https://jornalggn.com.br/noticia/coletes-amarelos-da-franca-um-mesmo-protesto-que-durou-oito-anos-por-ramin-mazaheri/>, acessado em 09 de abril de 2019.

É provável que ambos estejam certos. O mal-estar generalizado que explode com decisões pequenas (aumento de imposto sobre combustíveis, na França, aumento de passagem de ônibus, no Brasil) não precisa representar incômodos com uma mesma coisa. Precisa apenas identificar um inimigo comum: o poder instituído, em geral. Posso estar furioso com os refugiados ou com a união europeia ou com o arrocho salarial ou com a redução da proteção social do Estado, pouco importa. O importante é sentir a labareda queimando e identificar um responsável por tudo isso. No caso da França, era Macron.

As redes servem, nesse ambiente, para organizar a fúria, ou a indignação, se preferem Castells (2013), mas a organizam precariamente, não oferecem espaços nem tempo de debate, de formulação de consensos. Os protestos nascem a muitas mãos, queimam rapidamente, expressam nas ruas todos os sentimentos de revolta, todas as pautas, não conseguem legitimar líderes, geram incômodo, abalam reputações, são violentos, sem direção nem agenda. São diferentes de tudo. Na França, não são como os grandes protestos contra Sarkozy, muito maiores, muito menos violentos e mais organizados que não atacam o patrimônio, não picham o Arco do Triunfo, não jogam esterco na frente do palácio do governo nem exigem saídas drásticas como a renúncia do presidente.

Em tudo isso, 2018 na França se parece com 2013 no Brasil:

1) Organização rizomática coordenada em redes;
2) Ausência da forma tradicional de liderança;
3) Não-institucionalização;
4) Fragmentação e horizontalidade;
5) Perda de controle.

Todos estes conceitos são discutidos neste texto. Mas o mais relevante é a promessa cumprida: outros junhos virão. Já vieram. E a França vai se repetir em outros lugares, em protestos com a cara do que aconteceu no Brasil. A fúria difusa, a raiva desorganizada, a disputa mais no grito do que no argumento, a violência como estratégia não alimentam sonhos, mas distopias. Um mundo belicoso e irracional faz emergir os extremos, altamente racionalizados, à extrema-esquerda, ou altamente sentimentalizados, à extrema-direita. O mundo do socialismo ali no norte, de uma sociedade plenamente sob domínio dos interesses humanos, executados via Estado se opõe ao mundo irracional, afetivo, movido por paixões e ódios da extrema-direita. Por razões que, hoje, é possível compreender (mas não cabe discutir neste momento), a extrema-direita em geral se sai melhor em situações de política conflagrada.

Marine Le Pen estava a postos para tirar proveito; Macron, como aconteceu com a classe política no Brasil, não estava entendendo nada. Dois caminhos abertos: a ascensão de projetos autoritários, antidemocráticos, ou a radicalização da democracia de democracias radicalizadas.

A França, por enquanto, evitou a humilhação de, berço da República, ver naufragar a própria democracia no seu território. Em 14 de janeiro de 2019, Macron lançou o "Grande Debate Nacional", com uma carta de sete páginas dirigida ao povo francês. Formulou 33 perguntas à população e conclamou todos os cidadãos ao diálogo. Os debates estavam organizados em torno de quatro eixos: poder de compra, impostos, democracia e meio ambiente. "Macron abre espaço para reformas importantes, como a criação de um referendo de iniciativa cidadã, instrumento legal frequentemente reivindicado pelos coletes amarelos, que possibilitaria a criação de leis por meio de plebiscitos, sem passar pelo Parlamento. O presidente também aborda a possibilidade de estabelecer cotas anuais de imigração, uma medida que jamais discutira antes", diz *O Globo*[5]. O debate comportava também a possibilidade de redução de impostos, atrelada à redução da dívida pública,

---

5 Disponível em: <https://oglobo.globo.com/mundo/2019/01/14/2273-macron-lanca-debate-nacional-para-acalmar-coletes-amarelos-propoe-novo-pacto>. Acesso em: 10 de abril de 2019.

mas mantinha interdições: não poderia, por exemplo, ser proposto o retorno do imposto sobre grandes fortunas, abolido em 2017. Outros interditos, regras que não podiam mudar, eram: o direito de asilo, a proibição do casamento entre pessoas do mesmo sexo, a proibição do aborto e a legalização da pena de morte. Desde o princípio, houve desconfianças de que o processo não fosse aberto e dirigido pela sociedade, mas pelo governo. E temas como a evasão fiscal de multinacionais não foram sequer pautados.

O processo começaria nas cidades, nas prefeituras e câmaras de vereadores, e na internet, num site criado especificamente para isso (https://granddebat.fr/). A partir de 1º de março, começariam as fases regionais, que deveriam terminar no dia 15 de março, mas se alongaram e os primeiros balanços vieram a público apenas no dia 8 de abril. Foram mais de 10 mil reuniões presenciais e 1,5 milhão de contribuições pela internet. Apesar da desconfiança, os protestos dos coletes amarelos refluíram.

É cedo para dizer que a França escolheu o caminho do aprofundamento da democracia como respostas à democracia radicalizada. É cedo para concluir que o "Grande Debate" foi a elaboração de um novo pacto social e não um grande ato de campanha eleitoral. Evidente, no entanto, que Brasil e França adotaram remédios diferentes para os mesmos sintomas. O debate francês pode ser, em parte, farsa, mas é inegavelmente uma maior abertura do sistema político à convocação à participação e à instituição de espaços e métodos de construção de consensos racionais. Pode, ainda, alterar a democracia francesa, tornando-a mais permeável aos cidadãos e mais afeita à participação permanente. A tecnologia que uniu os coletes amarelos também pode servir para revigorar a democracia e ampliar a participação social.

No Brasil, a escolha foi pelo fechamento político. Se a população rejeita a política e os políticos, o sistema deu a ela menos política e menos políticos. Encurtaram o tempo de propaganda eleitoral no rádio e na televisão, encurtaram o tempo de campanha como um todo, criaram um megafundo eleitoral e distribuíram os recursos para os donos do poder de sempre. Mais dinheiro, sem necessidade de empresas ou caixa 2, nas mãos de poucos e pouco debate para impedir que novatos, *outsiders* ou aventureiros tivessem chance de sucesso.

Portas fechadas, a população enfiou o pé na tranca e derrubou a casa. O índice de renovação na câmara dos deputados em 2018 foi de 47,37%, o maior desde a Constituição de 1988. De 1994 a 2014, a renovação média foi de 37%, segundo a Secretaria-Geral da Mesa diretora da Câmara[6]. Candidatos se elegeram sem tempo de TV, com pouco dinheiro, em campanhas que começaram, no entanto, muito antes, no WhatsApp, Facebook ou YouTube. Muitos novatos têm perfil autoritário, visão de mundo obscurantista e antidemocrática. Sem opção de mais democracia, a população escolheu menos.

O jogo não acabou, é claro. Há muito pela frente, o sistema político está alterado e as consciências sempre se alteram quando as condições sociais e econômicas mudam. Os políticos brasileiros sabem que a estratégia não deu certo e não vão entregar os pontos, é claro. Talvez, em engano, achem que a avalanche passou.

Mas as mudanças são estruturais. Os novos junhos não serão como junho, no todo, nos detalhes, mas virão, inevitavelmente virão.

---

6 Disponível em: <https://www2.camara.leg.br/camaranoticias/noticias/POLITICA/564034-CAMARA-TEM-243-DEPUTADOS-NOVOS-E-RENOVACAO-DE-47,3.html>. Acesso em: 11 de abril de 2019.

Compreender o sentido histórico de acontecimentos disruptivos é uma tarefa muito ingrata para o presente; o significado pacificado, se possível, cabe ao futuro. Não entendemos até hoje, plenamente, maio de 1968, nem a Revolução Francesa ou a Declaração dos Direitos Humanos. Sentimos os efeitos desses momentos, ainda presentes, e sua interpretação está sujeita a disputas, o que nubla seus sentidos.

O junho de 2013 brasileiro continua hermético e sujeito a disputas até mais agudas, mas é preciso tentar. Quando emergiu o acontecimento incompreensível, muitos se colocaram a interpretá-lo, alguns de forma até bastante categórica. Marilena Chauí anunciou o retorno do "pensamento mágico" (2013), o filósofo Paulo Ghiraldelli chamou de "revolução do indivíduo" (2013) e o economista Edmilson Costa viu relações diretas das manifestações com "a crise sistêmica global que vem castigando o capitalismo há mais de seis anos" (2013). As interpretações mais fazem parte de junho em si do que de sua exegese. Mesmo correndo também esse risco, é preciso catar migalhas de sentido, seguir pistas como o caçador na floresta.

Nada pode ser dito de início exceto que outros junhos virão. Não se trata da fé inabalável no fim do capitalismo, que move os alunos de esquerda da Universidade Federal do Paraná reunidos no coletivo *Outros outubros virão* — em referência à Revolução Bolchevique, de outubro de 1917, que levou Vladimir Lênin ao poder. As condições para novos movimentos organizados à maneira de junho de 2013 estão dadas estruturalmente e produzem ações políticas sem direção a priori, sem organização e narrativa centralizadas, com uma nova forma de liderança e de organização, lastreada nas redes sociais digitais suportadas na internet[7]. Todos esses traços (organização, narrativa e liderança) dos novos movimentos sociais em rede não são exatamente novos. A internet não inventa a sociedade, mas a altera profundamente, acelera alguns processos, torna outros obsoletos. Por outro lado, essas transformações não se submetem a um projeto político a priori, não apontam para a revolução socialista nem para o golpe de Estado, não são necessariamente de esquerda ou de direita, mas podem servir aos projetos de ambas as vertentes.

As mudanças trazidas pela internet são estruturais porque ela altera, de forma definitiva, diversos campos de ação humana: o jornalismo, a comunicação política, a publicidade, a cultura de massa, os relacionamentos afetivos, os serviços bancários, o comércio e, até mesmo, a sexualidade. Em maior ou menor grau, valem, para esses campos, os princípios formulados por Dominique Wolton, em *Internet, e depois?* (2003). A rede mundial de computadores, bem como seus usos e seus sentidos são definidos por três fatores: 1) a tecnologia em si mesma, as suas características e as suas possibilidades técnicas; 2) a forma como a sociedade se apropria da tecnologia, incluindo o campo político, os usuários e os ativistas digitais; 3) a forma como os atores econômicos se apropriam da tecnologia para gerar negócios.

---

7 O termo internet, neste livro, refere-se à tecnologia em si, aos cabos e ondas que ligam computadores por todo o mundo. Apesar de referir a tecnologia em si, consideramos que nela já estão contidas certas características que são exploradas tanto por quem desenvolve a tecnologia e produtos feitos para ela, como a IBM, o Facebook e a Apple, quanto pelos usuários, organizados ou não, que desenvolvem potencialidades da tecnologia, como é o caso da comunidade que orbita o Linux. Entre as caraterísticas fundamentais da internet estão a multidirecionalidade, a redundância de caminhos e de dados e a irrelevância da natureza do conteúdo para o processo de digitalização.

Por isso, a história das mudanças estruturais na forma de fazer política começa com o próprio desenvolvimento da internet, com a *Arpanet*, *Cyclades*, *Rand* e *NPL*, redes iniciais que uma vez interligadas deram origem à "inter-net". Essa fase conta com vários personagens, cientistas que conceberam e começaram a estruturar a nova tecnologia. Pessoas como J.C.R. Licklider[8] e Timothy Berners-Lee[9] são exemplos.

A tecnologia foi sendo paulatinamente apropriada por atores sociais e, assim, intensificando a política ao longo dos anos na forma de militância digital, hacktivismo, comunidades de software livre e, em alguns momentos, ações na política institucional. As histórias de Aaron Swartz, de Julian Assange e do grupo *Anonymous*, nos Estados Unidos, são exemplos dessa aceleração da política, crescente ao redor do mundo. Na vertente comercial, personagens como Steve Jobs (Apple), Bill Gates (Microsoft) e Mark Zuckerberg (Facebook) têm, cada um, seu papel nas transformações em curso. Ainda que eles não tenham intencionado revolucionar a política, contribuíram para isso.

E não há sinais de que a intensificação da participação política vá parar, até porque o momento atual faz parte de um processo histórico contínuo, que leva do monarca absoluto ao sufrágio universal. Até que, por fim, votar nos ritos da democracia institucional já não basta, e cada vez mais gente vai militar nas redes e/ou nas ruas. Segundo a pesquisa F/Radar 2015, o acesso à internet deu um salto no Brasil entre 2014 e 2015, passando de 57% para 65% da população conectada, num total de 105 milhões de pessoas. O maior responsável por esse crescimento foi o *smartphone*. O acesso através do celular saltou de 37% para 53%, atingindo 87 milhões de pessoas. Dentre os dados do relatório, vários apontam para a relação entre mobilização e redes. Cito apenas um a

---

8 Psicólogo e pesquisador na área de ciências da computação, foi pioneiro no desenvolvimento de interface gráfica para a internet.

9 Físico e cientista da computação, é o criador do www – *world wide web*.

título de exemplo: "4 em cada 10 internautas acreditam que as redes sociais contribuem para que eles participem presencialmente de mobilizações em busca de melhorias"[10].

Simultaneamente, surgem mais coletivos e organizações sociais já estabelecidas que adotam modelos de direção mais horizontais. Replica-se, na vida real, o ambiente mais igualitário das redes, onde toda autoridade está redesenhada. A essa sociedade em que hierarquias institucionais, econômicas e intelectuais estão niveladas se soma a ampliação dos instrumentos de expressão individual. Parte da coalizão pacífica em que vivíamos, no Brasil, até meados de 2013, era fruto da falta de instrumentos para a expressão de divergência e do respeito pela autoridade. Já não faltam instrumentos e toda autoridade está minimizada, tanto as legítimas quanto as farsescas. Porém, o resultado da ampliação do debate não é necessariamente positivo; não nos leva, de forma inequívoca, a um momento superior. Abdicamos das teleologias esperançosas, à direita e à esquerda. O caminho deve ser feito no caminhar, sem jamais descuidar dos riscos dos descaminhos que habitam a história em quantidade demasiadamente grande para serem desprezados.

Na Síria, a ampliação das divergências levou a uma guerra civil. Na América Latina, pode levar a mais rupturas institucionais. Um mundo envelhecido está ruindo. Há esperança de que outro melhor surja em seu lugar. Mas é só esperança, não há nenhuma certeza. O pensamento teórico, o esforço deliberado para compreender o momento em que vivemos, a construção adequada das perguntas fundamentais a serem respondidas são trabalhos que não podem ser adiados, sob risco de, no silêncio, verem emergir o contrário do que sonham nossos belos sonhos. O futuro parece feito de democracias com mais participação política, mas está aberto para o surgimento de regimes que imple-

---

10 Disponível em: <http://www.fnazca.com.br/wp-content/uploads/2015/10/f_radar-2015-revisado.pdf>. Acesso em: 30 de março de 2016.

mentam ou lutam pelo cerceamento da participação política. O questionamento formulado por Theodor Adorno (Carone, 2012), no estudo conhecido como "Escala F" (F de Fascismo), está mais atual do que nunca. Pode uma sociedade liberal produzir exatamente o seu contrário? Pode ver emergir um regime autocrático, sustentado no obscurantismo e no preconceito?

Pelo atual caráter midiático da política, da cultura e das relações sociais, cada vez mais evidente pela capacidade de transitar por diversas áreas de conhecimento, pela amplitude de métodos que pode utilizar, por tudo aquilo que, num momento anterior, foi tomado como suas fragilidades, as ciências da comunicação são o campo que deve protagonizar a compreensão da contemporaneidade. Vivemos a sociedade da informação (Mattelart, 2002), a era da comunicação, no campo profissional e, também, no campo teórico. O desafio parece imenso — e é —, mas não é possível e nem aceitável fugir dele.

Junho começa antes de junho

A história das jornadas de junho, no Brasil, começa bem antes de sua emergência. Começa em 18 de dezembro de 2010, com a *Primavera Árabe*; em 15 de maio de 2011, com os *Indignados* da Espanha; em 17 de setembro de 2011, com o *Occupy Wall Street*; em 2005, com o Fórum Social Mundial, em Porto Alegre, quando o *Movimento Passe Livre* se organiza, já com alguns traços específicos que os posicionam claramente dentro do movimento de ativismo nas ruas e nas redes.

Os princípios que norteiam o MPL são:

- Autonomia: os recursos devem ser obtidos e geridos pelo movimento, sem doações de empresas, ONGs, partidos ou outras organizações;
- Independência: tanto dos coletivos locais em relação aos demais, para realizar ações específicas, quanto de ONGs, partidos, governos e empresas;
- Horizontalidade: "um movimento onde todos e todas são líderes, ou onde esses líderes não existem", onde não há cargos e os membros revezam na realização das diversas tarefas. Os participantes devem ter o mesmo poder de decisão e o mesmo direito a voz;

- Apartidarismo: diferente de um antipartidarismo, o movimento não nega os partidos nem seus militantes, mas não apoia candidatos e não aceita ser utilizado em função de projetos políticos pessoais ou partidários;
- Federalismo: os princípios devem ser assumidos por todos os coletivos, mas, dada essa condição, eles são como federações autônomas que devem buscar se conectar, aproximando a ação dos entes federados[11].

Os coletivos, como o MPL e o *Outros outubros virão*, além da forma como se descrevem, tendem a apresentar algumas características:

1) Ativismo em ausência: uma das marcas mais relevantes dos movimentos sociais e sindical é que os seus participantes mantêm relações em presença. O que define os participantes de uma categoria representada por um sindicato é a profissão (como os jornalistas, médicos e advogados) ou o vínculo empregatício. De qualquer forma, esse traço coloca essas pessoas em convívio presencial cotidiano, em grupos maiores e menores. Os membros de uma categoria podem transitar entre empregos e o fazem, em geral, convivendo com outros profissionais, tornando o convívio cotidiano parte do modo de ser dessas categorias. Esse traço também está presente nos movimentos sociais como os de luta por reforma agrária e moradia ou as associações de moradores: compartilham todos os mesmos espaços geográficos. O movimento estudantil é outro que se organiza dessa forma.

As novas organizações sociais, por sua vez, se organizam em ausência, normalmente em função de uma causa específica (transporte público, direitos das mulheres, luta contra a corrupção, etc). Elas realizam a relativização do espaço geográfico, traço amplamente aceito nos processos lastreados na internet: onde você vive é menos relevan-

11 Disponível em: <http://saopaulo.mpl.org.br/apresentacao/carta-de-principios/>. Acesso em: 15 de março de 2016.

te. Algumas são mais genéricas, como é o caso do *Anonymous*. Coletivo focado na própria tecnologia e suas potencialidades, ele é organizado em grupos de hacktivismo que defendem a liberdade na internet. Em geral, se coloca do lado mais oprimido, uma vez que o controle de informação é frequentemente prática de governos que tentam administrar seus povos de alguma forma.

Os coletivos orbitam ideias e, por isso, não precisam do espaço físico. Uma das frases de Guy Fawkes, em *V de Vingança*, é simbólica disso: "Por trás desta máscara há mais do que carne e sangue; por trás desta máscara há uma ideia, e as ideias são à prova de bala". Aí está, em parte, a força dos coletivos: eles têm capacidade de atrair pessoas para muito além de universos circunscritos espacialmente, e podem se organizar num local onde o simbólico é a forma exclusiva de existência. Não há vida real nas redes, ninguém come, passa frio ou calor ou vive ali, o que torna o espaço propício à militância por valores[12], para a organização em torno de ideias relacionadas ou não com necessidades concretas. Essa é também, no entanto, uma das fraquezas desse tipo de movimento. Como surgem e crescem com o alto poder de atração das ideias, podem minguar, sumir ou virar outra coisa com a mesma facilidade. As relações são menos rígidas que aquelas que operam na vida real.

Se a fugacidade dos valores é o primeiro perigo para esse tipo de militância, o segundo é o da ideologização, conforme elaborada por Hegel (1992), na *Dialética do senhor e do escravo*. O senhor não tem relação direta com o mundo concreto pois antepõe a ele o escravo. Este sim conhece a existência real do mundo, já que produz o alimen-

12 Chamo de militância por valores aquela que é feita em função da defesa de ideias que o ativista julga justas e dignas de esforço. A militância por necessidade é aquela a que estão submetidas as pessoas que lutam por direito, concreto e material, para si mesmos, como a luta contra a violência contra as mulheres e a luta por habitação. Ainda que não seja possível encontrar essas duas formas claramente separadas, os dois polos organizam as motivações para agir politicamente.

to, prepara-o, cuida das vestes, em suma, trabalha. Essa relação do senhor com o mundo mediada pelo escravo tem como uma de suas consequências a capacidade muito maior do senhor de se dedicar às questões abstratas, como à arte, à linguagem, à filosofia, a toda sorte de prática fundada em ideias, às produções do espírito. Por isso, ele produz as narrativas que explicam o mundo e legitima sua posição de dominador, mas, não raras vezes, sua perspectiva é demasiadamente estranha à realidade. Ele tende à ideologização excessiva, a retratos irreais de mundo e, ao não entender o universo concreto, se sujeita ao risco de não perceber o real funcionamento das coisas. A ideologia descolada da realidade do senhor pode, inclusive, permitir ao escravo ser capaz de mudar o jogo. A força do senhor é a ideologia, a narrativa que legitima o mundo e, inclusive, a opressão que o beneficia. Mas isso pode levá-lo a retratos fantasiosos e, até, à sua derrocada. Já o escravo não tem a mesma capacidade de formulação teórica, mas organiza sua vida por escolhas que interferem nela de fato. O simbólico organiza a vida do senhor; o concreto organiza a vida do escravo.

Esse traço do mundo das ideias abre as portas para a organização de coletivos que se pautam em questões meramente ideológicas, descoladas totalmente do real, mas que, em certo momento, têm muita força. São coletivos conservadores, o que chamo neste texto de antimilitância[13]. A luta de jovens por transporte, por exemplo, é sobretudo a luta por uma ideia, mas tem correlação muito forte com a vida concreta. O MPL vai

13 A antimilitância se organiza para lutar contra a militância por causas, seja por valores ou por necessidade. Elas lutam contra a conquista de direitos, como é o caso dos coletivos machistas, como o organizado no blog *Contrafeminismo* (http://contrafeminismo.blogspot.com.br/) e tende a se pautar num retrato meramente ideológico do mundo. É, portanto, militância por valores e, em parte, por necessidade. Mas as questões concretas pelas quais eles lutam, como o direito de contratar trabalhadores a custo baixo e, portanto, contra políticas de redistribuição de renda não pode ser anunciadas publicamente, o que pode levar seus líderes a acreditarem em outras causas, de fato, ainda que essas sejam as causas de fundo. Eles podem sequer perceber que são antimilitantes.

durar, pois sua causa é real. Em alguns coletivos, sobretudo no Brasil de direita, há uma força que deriva de ideias infundadas como a luta contra o bolivarianismo, contra o Foro de São Paulo, contra os guerrilheiros travestidos de médicos ou contra a corrupção implantada pelo Partido dos Trabalhadores. Como tais ideias não encontram lastro na realidade, esses coletivos dependem, exclusivamente, do simbólico para manter sua força e se relacionam, fortemente, com as narrativas dos meios de comunicação privados. Todos coletivos correm o risco da fugacidade, mas aqueles que, como o senhor de Hegel, perderam a relação com o mundo real só se sustentam num ambiente como o atual, de grande polarização e de crença fervorosa em ideias.

Há organizações, no entanto, anteriores à internet que têm causas concretas e que não correm o risco de se extinguirem, pois não lutam apenas por ideias, mas por necessidades concretas. Esses movimentos buscam se ajustar à lógica das redes. Os sindicatos, neste momento, estão fazendo isso. A CUT (Central Única dos Trabalhadores) já oferece cursos de ativismo digital e de militância em rede para seus dirigentes e conta com profissionais de comunicação contratados por seus sindicatos. Outros movimentos menos espaciais (não são compostos por pessoas que se conheceram num local específico, como uma empresa, e que se juntam por essa razão: são todos empregados do mesmo empregador) conseguem, no entanto, se ajustar à nova lógica mais facilmente. É o caso do movimento negro ou do movimento de mulheres, que partilham de uma definição um pouco mais parecida com a dos coletivos. Em sua origem, eram organizados por pessoas que sentiam, cotidianamente, a necessidade de lutar pelas suas causas: ser mulher ou negro é condição permanente, portanto lutar por direitos é o trabalho de uma vida inteira. Agora, com a emergência dos coletivos, mais ideológicos, esses movimentos podem transcender suas próprias fronteiras e crescer para além dos espaços onde negros são discriminados, agredidos e mortos, ou onde mulheres sofrem violência doméstica e são tratadas com menor importância por empregadores e por homens. Podem, até mesmo, onde essas coisas acontecem, mas são naturalizadas, levar mulheres e negros a identificar a opressão que pesa contra eles. De qualquer forma, os coletivos negros e feministas, por exemplo, podem ir além do mundo onde suas lutas são inabdicáveis. Os militantes de uma causa conseguem, ainda, se organizar sem estarem próximos, em ausência.

2) Não-institucionalização: os coletivos evitam ou não precisam se institucionalizar, criar regimentos e estruturas diretivas. Têm regras mais simples e menos formalizadas, assim como líderes menos formais e com papel bastante distinto. As formas de organização variam. Há coletivos políticos independentes, como os anarquistas ou o Levante Popular da Juventude. Há coletivos de juventudes de partidos como o PSOL, o PSTU e o PT ou ligados a centros acadêmicos e a grêmios estudantis, mas, mesmo quando essas instituições acolhem, estimulam ou permitem a criação de coletivos, elas o fazem como estratégia ou concessão que é estranha a sua própria forma de existência. A sociedade civil organizada tradicional tem CNPJ (Cadastro Nacional de Pessoa Jurídica). Associações de moradores, centros acadêmicos, sindicatos, ONGs são instituições, com contadores e diretorias, mais ou menos verticalizadas e, em geral, representativas de grupos ou interesses. Fazem parte da democracia representativa.

Os coletivos, se fazem o movimento da institucionalização, têm que abrir mão de diversos dos seus traços. O modelo de liderança dos coletivos é um exemplo. O MPL diz que não há cargos e, de fato, não há mesmo. Não haverá enquanto o MPL não se institucionalizar. Quando o fizer, a lógica do direito vai impor responsabilidades fiscais e administrativas. É claro que há um tanto de discurso sedutor na negação absoluta da liderança. Os novos líderes existem, mesmo que tenham, no discurso autolegitimador produzido pelos coletivos, desaparecido em nome de relações mais horizontais. Há menos relações hierárquicas nessa nova forma de organização social, em luta por causas, mas há líderes. Estes, porém, não são mais porta-vozes do grupo. Aqueles que falam por um coletivo são escolhidos pelo grupo, muitas vezes com rodízio de quem desempenha tais funções, numa negação do modelo de liderança consolidado. O novo líder é procedimental, não conteudístico. Ele não sabe para onde ir, mas sabe preservar o procedimento, as regras de tomada de decisão, de debate. Ele coordena, não está em cima dos caminhões de som falando para e, supostamente, pela massa; está no chão, organizando o fluxo, delimitando caminhos, escolhendo quem vai usar o microfone, agitando os instrumentos musicais e as outras formas de manifestação artística que compõem os novos movimentos de rua. Daí porque a antiga fórmula cheia de discursos dos sindicatos parece, hoje, totalmente obsoleta e não atrai a juventude. Na forma, mais que no conteúdo, o movimento sindical envelheceu. A velha instituição está sendo colocada em xeque, até mais pela maneira de existir do que pelas causas que defende. E não há solução simples, tendo em vista que relações capital/trabalho são institucionais.

3) Fragmentação e horizontalidade: os coletivos só podem ser pequenos, ainda que nas redes digitais possam ser seguidos por muitas pessoas, como é o caso do MBL (Movimento Brasil Livre). O tamanho é um problema, porque a horizontalidade perseguida pelos coletivos pressupõe que todos devem poder tanto falar quanto ouvir — princípio habermasiano, no meu entender (Habermas, 1984). Com essas condições, ainda que seja possível fazer grandes reuniões, multidões reunidas tornam o debate e a tomada de decisão demorados. A discussão deve ocorrer, portanto, em agrupamentos menores. Por isso, uma quantidade muito grande de coletivos compõem os movimentos que tomam as ruas, pois mesmo os mais conhecidos se organizam de forma fragmentária, como federações e com autonomia em cada grupo, como descreve o MPL. Ou seja, não há poucas e grandes organizações representativas de muitos, mas muitas e pequenas organizações representativas de poucos (cada uma).

Horizontalidade e fragmentação caminham juntas. Mais uma vez, Guy Fawkes tem algo a dizer: "Não questionei seus poderes de observação, apenas enfatizei o paradoxo de perguntar a um mascarado quem ele é". A máscara é o signo do apagamento de si mesmo, da imersão na multidão, de não ser ninguém e ser todos. A horizontalidade significa, dessa forma, ser mais um e ser uma legião. Ela também é a marca do anonimato que emerge na militância digital, nas ruas e nas manifestações que relacionam as redes e as ruas (Castells, 2013). A máscara é a fantasia da horizontalidade e da ausência de líderes, do sentimento de abismar-se (Barthes, 1981) na multidão.

4) **Coordenação rizomática:** o conceito de rizoma é emprestado da biologia por Gilles Deleuze e Félix Guattari, filósofos autores de *Mil platôs* (1995). O rizoma é a organização na forma de raiz, tronco e galho, feita de nós — árvores que se ligam em múltiplos nós, sem centro. A ele corresponde uma forma de organização da cultura, da política e da ciência na qual o sujeito é pouco relevante: importam mais as relações entre sujeitos. Eles escrevem: "A estes sistemas centrados, os autores opõem sistemas acentrados, redes de autômatos finitos, nos quais a comunicação se faz de um vizinho a um vizinho qualquer, onde as hastes ou canais não preexistem, nos quais os indivíduos são todos intercambiáveis, se definem somente por um estado a tal momento, de tal maneira que as operações locais se coordenam e o resultado final global se sincroniza independente de uma instância central" (Deleuze e Guattari, 1995: p. 12).

Esse modelo e suas repercussões — muitas repercussões (uma delas a própria cultura do colaboracionismo) — já estavam presentes na concepção do *Arpanet*, projeto estadunidense precursor da internet. No desenho abaixo, com os poucos nós existentes em 1971, já é possível ver a tendência de multiplicação de caminhos, por razões militares e científicas. Redundância de caminhos e de conteúdos estavam na origem das preocupações dos primeiros pesquisadores, como Licklider. A internet foi concebida rizomática e essa é a base de diversos processos que sem essa condição não poderiam existir. Veja a seguir as redes distribuídas de Paul Baran (1964):

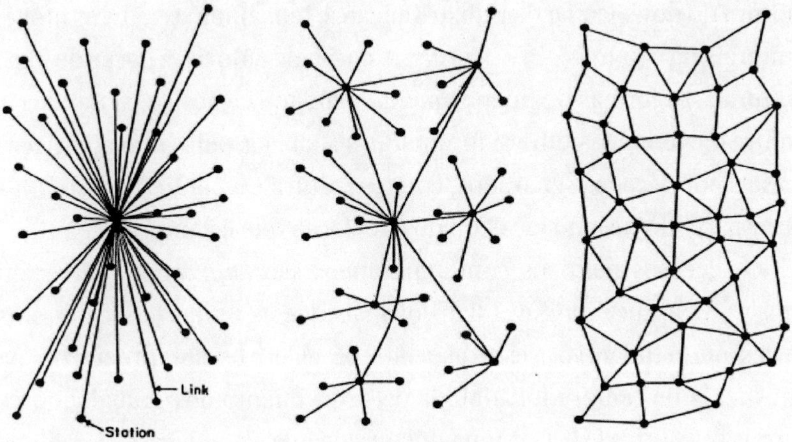

FIG. I — Centralized, Decentralized and Distributed Networks

A coordenação rizomática se repete, também, como tecnologia social: mesmo com a rede digital ausente, os coletivos se coordenam dessa forma, operando para um mesmo fim quando fazem parte do mesmo movimento, com divergências e desencontros — como seria de se esperar —, mas buscando a coordenação das ações, sem a qual o objetivo se perde. Esse modelo é um dos principais instrumentos da coordenação dos esforços de coletivos, cuja natureza impede que sejam muito grandes.

5) Relação entre política e cultura: há uma relação forte entre política e cultura, talvez resultante da forma como a internet afeta indistintamente a organização da cultura, da sociedade e da política. A irrelevância da natureza do conteúdo está exposta, conceitualmente, na teoria matemática da comunicação, por Elwood Shannon e Warren Weaver já em 1948 (Weaver, 1987). O processo de digitalização não toma como relevante se o conteúdo é um quadro de Picasso, uma música de sucesso ou um discurso do generalíssimo Franco. Todos eles se desapegam dos seus suportes tradicionais físicos. Na música, por exemplo, a perda de relevância do suporte diante da digitalização permitiu a cultura do download e da redistribuição, e tensionou os antigos atores culturais na disputa com o *Napster*. A noção de autoria, a posse de bens culturais, as formas de financiamento e monetização, a hegemonia e a contra-hegemonia cultural foram todas abaladas pelas redes. Espaços sociais por décadas separados, como a cultura e a política, passaram a fazer parte do mesmo local, ou do não-local, que é a internet.

Os eventos políticos contemporâneos são *happenings*, carregam música, poesia e é possível fruí-los mais que as velhas passeatas sindicais ou estudantis. Nesse aspecto, os coletivos se aproximam da "mística" que sempre foi adotada pelo Movimento dos Trabalhadores Rurais sem Terra (MST). Numa mistura de poesia, música e elementos mágicos, o MST sempre trouxe nas suas manifestações aspectos culturais. A relação com a *pachamama*, a mãe terra, não é apenas material, mas também religiosa e cultural. Os movimentos contemporâneos ligam cultura e política como o fez uma vez o movimento de contracultura, com grande poder de arrastar jovens para lutar por uma causa pelo prazer e pela experiência estética.

6) Perda de controle: organização, condução e narrativa: com tais características, construídos a várias mãos, os movimentos de rua como as jornadas de junho são marcados pela perda de controle. Mais uma vez convém mostrar as distinções em relação às formas anteriores de organização da ação política. Quando um sindicato organiza uma ação de rua, ele mantém completo controle de todas as fases do processo. Ele decide dia, local, horário, faz material de divulgação e convida, mantendo uma prática muito coerente com o modelo da comunicação de massa, fundado num único emissor. No evento, ele mantém o controle, desloca caminhão de som, define roteiro, gritos de guerra, contrata seguranças, coloca seus dirigentes na condução da operação e estabelece quem fala no microfone. Depois, disputa a narrativa do evento fundamentalmente com os meios tradicionais, uma vez que busca dar sentido ao que fez para o público mais amplo e enfrenta os jornais comerciais nessa seara.

Nos movimentos organizados pelos coletivos, a perda de controle está em todas as fases. Assim como Pablo Capilé, do *Mídia Ninja*, o fez no Roda Viva, em 5 de agosto de 2013, os militantes, em geral, apontam essa perda como desejável e inerente ao ativismo digital. O que ocorre é que a origem do evento é marcada pelos coletivos, mas nenhum deles tem o monopólio do agendamento. Assim, acontece, como em junho de 2013, de vários eventos se sobreporem — muitas vezes há reagendamentos, composições e disputas pela definição do acontecimento em si, do dia, da hora e do local. Além disso, a lógica de construção dos atos é distribuída. Os internautas, no Facebook ou em outras redes, podem colaborar na sua construção convidando outras pessoas. É isso que torna a previsão de quem será o público mais incerta, mas por outro lado abre a porta para o gigantismo das manifestações.

Durante o evento, sobretudo quando a perda do controle na fase anterior funciona, há dispersão de direção, ausência de controles centrais e, por vezes, rachas no roteiro da ação. Muitos coletivos disputam a condução das manifestações, para bem e para mal. Por fim, feito por muitas mãos, o movimento acaba sendo composto por muitas vozes e muitas reivindicações, estando seu significado em profunda disputa. Junho foi descrito por colunistas conservadores — Marco Villa, Reinaldo Azevedo e Merval Pereira, por exemplo — como movimentos contra a corrupção, diretriz seguida pela grande imprensa, que tentou narrar o movimento como de oposição ao governo federal. No fim, todo o campo político perdeu apoio depois desse período. Não ter direção clara é um traço de junho de 2013 e dos movimentos que se seguirem a ele — gigantes, sem centro, construídos a várias mãos, dirigidos por vários atores e narrados por múltiplas vozes, de forma até mesmo contraditória.

Política e comunicação

Todos esses traços dos novos movimentos sociais estão relacionados com a internet. A comunicação de massa é o lugar da ausência, da distância, da comunicação de pessoas não presentes uma diante da outra. Nas redes digitais, essa característica vira organização em ausência, a audiência não apenas recebe a informação mediada por tecnologia, mas também organiza ações sem necessidade de tomada de decisões presenciais. A distância, a organização por valores, por ideias, é menos dependente da criação de organizações institucionalizadas. Por isso, tais instituições formais podem existir e podem realizar ações em rede, mas a rede não pressupõe tal existência, como acontece, por razões legais, com os sindicatos. A não-institucionalização é coerente com as redes.

A comunicação de muitos com muitos também elimina em boa parte a assimetria do processo comunicacional tradicional, da comunicação de massa. A internet provê as condições técnicas para falar tanto quanto ouvir, e contribui para uma cultura de maior horizontalidade e menor individualismo, com uma cultura que flerta muitas vezes com o anonimato. Essa horizontalidade se fragmenta em diversos grupos que se coordenam de forma rizomática, como foi concebida desde a origem da internet nos projetos *Arpanet*, *Cyclade*, *Rand* e *NPL*. A organização distribuída por diversos núcleos é o que permite ações articuladas, com direção de agrupamentos pequenos e horizontais.

A relação entre cultura e política é própria do novo ativismo que emerge, talvez, porque há um abandono das velhas teorias políticas de esquerda e de direita ou porque elas são relidas, de forma a se tornarem menos sisudas. Ou ainda, porque os novos movimentos são feitos por jovens, numa sociedade hedonista na qual em todas as coisas é concebível uma faceta lúdica. Independente dos motivos, há um fator tecnológico de aproximação nítido que não explica o fenômeno mas explica porque a internet não resiste a ele, não enquanto tecnologia: a conversão de todos os conteúdos em um mesmo padrão (bits e bytes). Nicholas Negroponte, nos anos 1990, já apontava a dimensão dessa mudança fundamental produzida pela digitalização: "O lento manuseio humano da maior parte da informação, sob a forma de livros, revistas, jornais e videocassetes, está em vias de se transformar na transferência instantânea e barata de dados eletrônicos movendo-se à velocidade da luz. Sob tal forma, a informação pode se tornar acessível para todos. A mudança dos átomos para os bits é irrevogável e não há como detê-la" (Negroponte, 1995: p. 10). A internet não determina as mudanças, mas as possibilita.

Nesse novo universo, no qual músicas, tratados filosóficos, imagens, vídeos, desenhos, vozes, tudo, enfim, vira apenas "0" e "1", as fronteiras entre meios comunicacionais, segundo sua natureza (já que jornal não transmite som, TV não provê leitura e rádio não fornece imagens), ficam borradas. Os limites entre texto, imagem e som deixam de ser formais e, portanto, a necessidade de estruturas diferentes para transmiti-los deixa de existir. Livros, programas de rádio, vídeos, fotos, quadros, espetáculos de teatro, tudo pertence ao mundo digital.

As fronteiras entre áreas também ficam borradas nesse mundo: a política e a cultura não se separam como campos distintos de atividade social. Nunca se separaram de fato, mas, nas redes, a organização social que colocou essas atividades em relativa autonomia uma da outra já não faz sentido. Por isso, o ativismo digital busca fazer circular tanto mais informações culturais digitalizadas, como no caso do *Napster*, quanto informações políticas digitalizadas, como no *WikiLeaks*. A natureza da informação é a mesma, o tipo de ação é o mesmo (por maior liberdade, menos restrições, menos controle). Faz sentido, portanto, que as aproximações entre política e cultura tenham portas abertas. A tecnologia não cria obstáculos ao processo social.

Por fim, a perda de controle, a lógica distribuída, a construção, a condução e a narrativa das ações a várias mãos são as facetas sociais de uma tecnologia que surgiu para não ser controlada. O projeto *Arpanet*, o mais conhecido da origem da internet, fundou-se no princípio da redundância de caminhos e no conceito de rede. Temendo um ataque de mísseis cubanos, a inteligência militar concebeu uma forma de comunicação que não pudesse ser interrompida pela destruição dos canais. Para garantir que as comunicações funcionassem mesmo com perda de parte de uma rede de fios de comunicação, era necessário duplicar os caminhos, torná-los redundantes. O conceito de redundância é antigo, data do final dos anos 1940 (Weaver, 1987), mas demorou a ter uma aplicação plena com tantas consequências. Eis então que à redundância de caminhos, um princípio hoje da computação em nuvem (*cloud computing*), se soma à redundância de dados. Ninguém mais armazena suas informações em um único lugar — a rede foi concebida para permitir guardar arquivos em diversos repositórios. Essas duas redundâncias tornam o combate à "pirataria" na música uma luta contra a própria tecnologia. Uma luta conservadora e paralisante, portanto. Os atores econômicos do campo mais bem-sucedidos, como *iTunes* e *Spotify*, buscaram obter ganhos com as possibilidades abertas. A tecnologia é direcionada pelos interesses da sociedade e pelos interesses das empresas (Wolton, 2003), porém, quando apropriada com sucesso, é uma tendência contra a qual é muito difícil lutar. E é o caso.

A perda de controle dos suportes, dos caminhos e dos arquivos abre as portas para as construções colaborativas, para as culturas *crowd* e livre, para o surgimento de comunidades, como a que desenvolve o Linux, por exemplo. Parece impossível desconstruir o caminho que leva ao aumento da liberdade de informação e da colaboração, mas o risco da emergência de políticas censórias em regimes democráticos ou da emergência de regimes de exceção não pode ser desconsiderado, mesmo que pareça estar (e está) na contramão da luta e da conquista histórica de mais liberdade que acontece desde a Renascença (Wolton, 2003).

A internet tende à liberdade, mas não promove apenas uma direção política. Ela empodera os indivíduos (independente do que eles vão fazer com esse poder). A redundância e a bidirecionalidade, somadas à cultura do colaboracionismo, tornam a perda de controle quase inevitável — o que traz tensões em diversos campos. Na arena política trazem perigos, podendo abrir as portas exatamente para o monstro que é seu contrário: regimes de extremo controle.

Segmentação vs. Identidade

Vivemos, então, uma nova fase. Os típicos meios da comunicação de massa — a TV, o Rádio e a imprensa de larga tiragem — não permitem a organização da sociedade. Em vez disso, a organizam como massa e como público, segundo sua própria perspectiva, segmentando a audiência por razões comerciais.

O conceito de segmentação vem daí e norteia a confecção de grades de programação de TV e de rádio, bem como de pacotes de TV paga, por exemplo. A programação diária da televisão busca atingir todos os públicos. A grade de programação, modelo que já dura mais de 50 anos, foi uma invenção genial de Walter Clark, a mente pouco afamada que trabalhou para a Rede Globo. Ali, o público está devidamente segmentado: homens adultos de manhã bem cedo, com jornais para serem vistos antes de ir para o trabalho; mulheres e crianças de manhã, com programas de variedade e infantis; notícias e esporte na hora do almoço, novamente mirando nos homens; variedade mais uma vez de tarde, já de olho nos adolescentes e pré-adolescentes; adentrando na noite com a programação para a família e com as telenovelas ensanduichando os telejornais; por fim, programas de humor, de variedades e jornalísticos no fim da noite. A família, concebida de forma tradicional (homem trabalhando, mulher e filhos em casa) está dividida em faixas de públicos. A segmentação, ao contrário do que pode parecer e do que defendem autores como Paulo Puterman (1994), é um conceito próprio da era das massas, como já havia concebido Adorno em 1947. De acordo com o alemão, a Indústria Cultural calcula sobre o seu público e faz produtos adequados ao consumo de todos (Adorno, 2007). A segmentação é, portanto, parte das estratégias dos *managers* da cultura.

As redes se configuram sob outra lógica e detonam a segmentação de público: institui-se a razão dos movimentos identitários, cujo substrato é a consciência polifônica. Cada um de nós é feito das vozes que nos constituem, como demonstra Bakhtin (1979). A mente é polissêmica, somos cheios de interesses não apenas diversos, mas, muitas vezes, até contrários. Assim, nas redes, escolhemos nossas próprias vinculações de grupo e nos organizamos. Não somos organizados de cima. Portamos várias afinidades e nos movemos por elas, muitas vezes de forma breve, em geral com alto grau de liberdade. Daí porque os coletivos são tão atraentes e, também, menos duradouros que as outras formas de organização social — carregam em si a fugacidade das redes. Eles são construídos, muitas vezes, pela vinculação ideológica de alguém com um tema ou uma causa. Se esse tema ou causa faz parte da sua vida de forma definidora, como ser negro e participar de um coletivo que luta por igualdade racial, por exemplo, a vinculação tende a ser duradoura, ainda que nem isso garanta uma militância permanente. Lembremos aqui das pródigas definições de Lukács (1973) de classe em si e de classe para si. Não basta ser negro para se engajar na luta dos negros, mas também é preciso se reconhecer como tal e identificar o preconceito como problema social e pessoal.

As redes fornecem uma ferramenta tecnológica para que a sociedade se organize, uma vez que provê tipos e formatos de comunicação que antes só existiam em presença física de um membro com o outro. A sociedade sempre se organizou em redes. Partidos políticos, alcoólicos anônimos, *Rotary Clubs*, movimento escotista, Movimento Sem Terra, comunidades eclesiais de base, movimento estudantil, entre tantos outros, sempre mantiveram relações como redes de organizações, em geral, com alguma instituição centralizadora. Não foi a tecnologia que inventou a organização social em rede — mas foi ela que a potencializou e transformou. Vários movimentos, como os de grupos religiosos, passaram a se organizar nas redes, seja no Facebook ou no WhatsApp (as mais populares no Brasil, segundo a Pesquisa Brasileira de Mídia 2015). Além de potencializar a organização em rede, a tecnologia mudou a natureza de suas relações: ficaram mais intensas, já que a comunicação por mensagens se torna frequente; mais rápidas, uma vez que a troca de mensagens é instantânea, acelerando a tomada de decisão, o debate e a organização; menos territoriais, ou seja, importa menos onde você está; mais fragmentárias e mais horizontais (mais pessoas podem interagir), logo, com maior participação. As redes, assim, aceleram as lutas sociais, como aponta Castells em *Redes de Indignação e Esperança* (2013). Elas polarizam as democracias e conflagram guerras civis onde o sistema político é imaturo, o monopólio estatal da violência é frágil e as divergências são profundas.

Nada será como antes

6 de junho de 2013. Primeiro ato contra o aumento da tarifa do transporte público em São Paulo. Segundo a Polícia Militar, 500 pessoas participaram do protesto; segundo o MPL, 3 mil. Nas ruas, estão as marcas de violência deixadas pelas manifestações: ataques a pontos de ônibus, cabines de polícia e sacos de lixos queimados. De acordo com o MPL, as depredações começaram somente após a segunda onda de prisões e de repressão "brutal" por parte da PM na região da Avenida Paulista. "O Movimento Passe Livre não incentiva a violência em momento algum de suas manifestações, mas é impossível controlar a frustração e a revolta de milhares de pessoas com o poder público e com a violência da Polícia Militar", diz em nota no seu site. A cobertura da imprensa segue o *script* mais comum: são vândalos. O retrato é criminalizante. Na sua coluna do portal *UOL*, um dia depois, Leonardo Sakamoto escreve: "quem rompe a barreira do conformismo e protesta é criminalizado ou reduzido a um mero causador de congestionamentos". Em mais três capitais acontecem atos — Rio de Janeiro, Goiânia e Natal. Alguns traços de junho já aparecem: dificuldade dos organizadores de controlar o movimento, disputa da narrativa e coordenação rizomática com atos em quatro cidades.

7 de junho, apenas um dia depois. O segundo ato em São Paulo cresce 10 vezes, de acordo com a PM, e salta para 5 mil participantes. Mais repressão: 16 pessoas são detidas. Segundo manchete do jornal *O Globo*, o então governador de São Paulo, Geraldo Alckmin, já havia condenado o "vandalismo praticado pelo grupo". "Uma coisa é manifestação, que se respeita. Você destruir um patrimônio público, estações de Metrô, impedir as pessoas de terem acesso, prejudicar o trânsito, interromper avenidas em região com grandes números de hospitais; isso é vandalismo, não é manifestação. A Polícia tem que tratar como tem que ser tratado, vandalismo", dizia o tucano (*O Globo*, 07/06/2013). O sistema midiático também liga o piloto automático e condena a partidarização do movimento, a qual o MPL nega: "há partidos políticos participando das manifestações contra o aumento, mas, ao contrário do que foi publicado em alguns veículos de imprensa, os partidos não fazem parte do MPL". O coletivo, como já dito, se organiza de forma apartidária, mas não antipartidária. Ou seja, não se submete a nenhum partido e a nenhuma diretriz externa a si mesmo, mas também não recusa participantes que sejam filiados a partidos.

Nas ruas, esse ato conta majoritariamente com jovens. Há poucas máscaras, bandanas e balaclavas, grupos tocam instrumentos de percussão e de sopro — mesclando política e cultura —, e bandeiras de partidos, ainda que minoritárias, habitam as ruas. Cartazes de cartolinas trazem, em geral, a reivindicação principal: a redução do preço da passagem de ônibus urbano. Não há, ainda, dispersão de pauta. A Polícia cumpre a promessa do governador e reprime com bombas de gás lacrimogêneo. Aparecem os primeiros frascos com vinagre, cujo porte em si depois seria motivo para detenções.

10 de junho. Rio de Janeiro. Segundo *O Globo*, apenas 300 pessoas participaram do protesto, mas 31 são detidas pela Polícia. Mais uma vez, violência. Jovens cercam dois ônibus e o batalhão de choque da Polícia Militar, na tentativa de dispersar ato, usa spray de pimenta e dezenas de bombas de efeito moral. Protestantes respondem quei-

mando lixo e entulho para interditar vias, segundo *O Globo*. Também atiram cocos e pedras contra os agentes. Em Goiânia, por determinação da Justiça, o aumento da tarifa é revogado. A cobertura da mídia é parcial: através do olhar da PM e dos motoristas que reclamam dos efeitos no trânsito do protesto.

11 de junho. Terceiro ato em São Paulo. O MPL pede reunião com a prefeitura para discutir a revogação do aumento. Segundo a PM, a manifestação reúne 10 mil pessoas; mais de 20 são detidas. O grupo *Anonymous*, mundialmente organizado, entra no movimento de vez e as máscaras de Guy Fawkes aparecem. É o ato mais violento, com agências bancárias e lojas depredadas e ao menos dois ônibus incendiados. "São Paulo vira 'praça de guerra' no confronto mais violento em ato contra aumento de tarifa", diz manchete (*O Globo*, 12/06/2013). Em nota, o MPL refere um conjunto de coletivos que organizam e apoiam os atos: "O movimento e apoiadores buscam dar todo o apoio possível aos detidos, assim como outras diversas organizações que se solidarizam com os presos, como o Consulta Popular, o Movimento Luta Popular, a Conlutas, o Grupo Tortura Nunca Mais, o PSTU e o Psol, entre vários outros". Dentre esses outros, organizações institucionalizadas, como partidos, coletivos e uma central sindical (Conlutas). Fragmentação e perda de controle se manifestam no movimento. A violência, que explodiu no ato, era possibilidade anunciada. Alckmin já havia declarado que não toleraria vandalismo e mobilizou um efetivo de 900 homens, juntando a força tática e a temida Rota, a "polícia que mata" (Barcelos, 1992).

13 de junho. São Paulo. Quarto ato. O dia em que a imprensa bateu e apanhou. De manhã, os editoriais são categóricos e detonam o movimento. Na *Folha*, o texto é duro: "Oito policiais militares e um número desconhecido de manifestantes feridos, 87 ônibus danificados, R$ 100 mil em prejuízos em estações de metrô e milhões de paulistanos reféns do trânsito. Eis o saldo do terceiro protesto do Movimento Passe Livre (MPL), que se vangloria de parar São Paulo — e chega perto demais

de consegui-lo. Sua reivindicação de reverter o aumento da tarifa de ônibus de R$ 3 para R$ 3,20 — abaixo da inflação, é útil assinalar — não passa de pretexto, e dos mais vis. São jovens predispostos à violência por uma ideologia pseudorrevolucionária, que buscam tirar proveito da compreensível irritação geral com o preço pago para viajar em ônibus e trens superlotados" (*Folha de São Paulo*, 13/06/2013).

Durante o ato, pela primeira vez, as ações da Polícia fogem do roteiro: jornalistas viram alvos deliberados. Um emblema desse momento é o vídeo com Giuliana Vallone, da TV Folha — projeto com abordagem narrativa propositalmente diferente do padrão do telejornalismo (Martins, 2015). O vídeo mostra o ato mais violento até então e traz vários relatos da forma como a Polícia tenta afastar os jornalistas e minimizar a cobertura, demonstrando desconforto com a exposição pública das suas práticas. Com o olho direito muito ferido por uma bala de borracha, Giuliana então aparece num hospital relatando, com calma, que apesar de a maioria dos manifestantes não querer violência, havia uma minoria tentando entrar em confronto com a Polícia — talvez já *Black Blocs*, movimento anarquista que faz da violência sua estética. Ela conta, no entanto, que a violência partiu da Polícia. "A primeira prisão que foi feita no protesto de quinta-feira aconteceu do meu lado. Foi um ciclista que nem estava na manifestação. Jogaram ele na grama, com a cara, e ele gritava 'socorro, eu não consigo respirar'". As imagens da TV Folha mostram o ciclista no chão, sendo algemado e gritando: "Ai, meu deus. Ai, meu deus". Há cenas de entulhos queimados, bancos sendo pichados, a polícia vira alvo da violência também. Manifestantes gritam, em coro, "Sem violência!", e o aspecto cultural reflui diante do medo e da truculência. Foram 105 manifestantes feridos, segundo os organizadores; 235 detidos, segundo a PM; 13 policiais feridos, também segundo a PM; 15 jornalistas feridos, sendo 7 da *Folha*. O ataque a jornalistas faz a imprensa, antes no automático da cobertura de movimentos sociais — os reportando de forma criminalizante —, virar a chave. "Na quinta, eles foram mais armados. Tem fotos e vídeos dos policiais jogando spray de pimenta na cara de fotógrafos que estavam trabalhando", conta Giuliana no vídeo.

Até 13 de junho, a disputa pela opinião pública entre os meios unidirecionais de massa e as redes digitais multidirecionais indicava uma leve vantagem das redes. Um relatório de pesquisa do Datafolha de 18/06/2013 mostrava que 55% dos paulistanos apoiavam os protestos de 13 de junho, em pesquisa feita antes do ato daquele dia. Então, vieram as tentativas da PM de interditar a cobertura. Elas se mostraram inúteis, sobretudo pela presença em larga escala de celulares que gravam vídeos. As imagens amadoras, num mosaico de diversos ângulos, acabam ganhando as redes. Reynaldo Simões Rossi, coronel da PM, nega que tenha havido qualquer intenção de interditar a cobertura. "A Polícia Militar não admite excesso de conduta, ela está acostumada a cortar na carne", diz. Apesar de a polícia negar o excesso de violência, a posição da imprensa muda e o equilíbrio se rompe, cessando a disputa: rádios, TVs, jornais, revistas e grandes portais se alinham com as redes.

Em 18 de junho, o apoio da população sobe para 77%. Os atos se multiplicam pelo Brasil, em locais antes inimagináveis. Pequenas cidades se mobilizam e uma questão municipal (o transporte público) se converte em mote de um grande movimento nacional. O discurso otimista dos admiradores das redes digitais aponta uma vitória do novo sobre o velho, do cidadão contra sua mídia. Esse discurso faz parte de junho, mas não explica o que aconteceu. A hipótese mais palpável é que junho mostrou a força gigante da velha mídia e a complementaridade, nesses acontecimentos, das tecnologias de comunicação. Testamos essa hipótese[14] e vamos mostrar os resultados mais à frente.

A essa altura, a violência está disseminada pelo movimento, com diversas origens. No ato do dia 13, foram apreendidas facas, macha-

---

14 Veja a análise dos dados no relatório de pesquisa nas páginas à frente.

dinhas, tesouras, estiletes, aerossol, garrafas de álcool, tinta e spray, segundo a PM. No Rio de Janeiro, o ato era também o mais violento até então, com várias depredações. A violência mostra força mobilizadora num momento e força desmobilizadora em outro, como mostraremos à frente também. As imagens de jovens de classe média apanhando comove a população mais que a violência na periferia, mais aguda e menos valorizada. Esse aspecto, provavelmente somado ao alinhamento dos meios tradicionais aos protestos, tornou o movimento afetivo, movido por ódio e esperança. Emocional, sem argumentos racionais contrários, o efeito *manada* de adesão ao movimento dá seus primeiros passos. Jovens universitários, como meus alunos, estão encantados com o despertar da cidadania e muitos se engajam em movimentos de rua pela primeira vez. Violência, emoção e iniciação na prática de protestar: todas essas questões são relevantes para nós.

Outra questão central é o paradoxo do papel da imprensa. Ela disputou a narrativa dos eventos mesmo tendo perdido a primazia de organizá-los e de agendar a sociedade. Além disso, apesar de ter mostrado poder e de ter sido fundamental, arregimentando as grandes massas, foi uma instituição hostilizada nas ruas — chegando a casos de violências contra jornalistas. Mas no fim, foi bem-sucedida: começando por uma indignação justa contra a violência, particularmente a praticada contra jornalistas, em pouco tempo, aproveitou a oportunidade e direcionou toda a narrativa dos protestos contra o Governo Federal, ainda que a questão da tarifa fosse municipal.

Lazarsfeld (1987) aponta como uma das condições para que a mídia produza efeitos em larga escala a monopolização, ou seja, a inexistência de um contradiscurso em espaço público. Quando há argumentos com direções opostas na mídia, os resultados são sempre mais fracos, os efeitos no público são mais incertos. Com a monopolização, sem contradição, a possibilidade de produzir efeitos em larga escala é muito maior. Foi o que aconteceu, durante cerca de dez dias, a partir de 13 de junho de 2013: redes e velhos meios falaram a mesma língua. Coincide com esse período a realização dos maiores atos, dos gigantescos atos das jornadas de junho. O refluxo no movimento começa quando a imprensa muda de posição novamente, recolocando a divergência no espaço público. Junho mostrou à mídia tradicional um poder que ela não imaginou ter, e foi sinal claro de que as redes aumentam a influência política dos antigos atores da comunicação. Abrem-se, então, as portas para as democracias radicalizadas pela imprensa.

Em junho de 2013, os esforços da mídia privada brasileira (sobretudo dos grupos Globo, Abril, *Folha da Manhã* e *O Estado de São Paulo*) na disputa da narrativa do evento foi para jogá-lo inteiramente, como uma bomba, no colo do Governo Federal. E a imensa perda de popularidade da então presidente Dilma Rousseff é um sinal de que a estratégia, em parte, deu certo. Ela saiu de 57% de *ótimo e bom para o governo* para 30%, uma das maiores quedas entre os mandatários de executivos no Brasil[15]. Mas a mesma pesquisa indicava queda de todos os outros governantes. Geraldo Alckmin (PSDB), governador de São Paulo, foi de 52% para 38%, Fernando Haddad (PT), prefeito de São Paulo, caiu 16%. Sérgio Cabral (PMDB), governador do Rio de Janeiro, bateu Dilma e caiu 30%, chegando a 25%.

Junho mostrou sua face: o mundo político perdeu credibilidade, os velhos líderes conteudísticos[16] saíram todos menores. A cena era um roteiro já encenado: em 2011, movimentos na Espanha, Estados Unidos e no mundo árabe mostravam, no mínimo, um descompasso entre o que queriam a política institucionalizada e os jovens — mesmo que por vezes seja difícil indicar o sentido claro desses movimentos. Uma nova linguagem, talvez ainda inaudível, surgia no espectro político. Pedir a eles que se traduzissem na linguagem da democracia de massa era querer demais.

---

15 Disponível em: <http://www1.folha.uol.com.br/poder/2013/06/1303541-popularidade-de-dilma-cai-27-pontos-apos-protestos.shtml>. Acesso em: 15 de março de 2015.

16 Líderes conteudísticos são aqueles que representam pautas, conteúdos que várias pessoas defendem. Os novos líderes são menos portadores de posições e mais protetores de procedimentos.

Quando a população já não mais confia no sistema político, seja ele qual for, o que vemos é uma crise. Uma ditadura laica ou fundamentalista, uma democracia europeia tradicional ou uma democracia de massa indireta movida pelo poder econômico: em todas elas, a autonomia do cidadão — pressuposto de Rousseau de toda república democrática — é uma farsa, como aponta Žižek em crítica direta às democracias ocidentais.

> Na democracia, cada cidadão comum é de fato um rei — mas um rei numa democracia constitucional, um monarca que decide apenas formalmente, cuja função é apenas assinar as medidas propostas pelo governo executivo. É por isso que o problema dos rituais democráticos é semelhante ao grande problema da monarquia constitucional: como proteger a dignidade do rei? Como manter a aparência de que o rei toma as decisões, quando todos sabemos que isso não é verdade? Trotsky estava certo então em sua crítica básica à democracia parlamentar: não é que ela dê poder demais às massas não instruídas, mas que, paradoxalmente, apassive as massas, deixando a iniciativa para o aparelho do poder estatal (ao contrário dos 'sovietes', em que as classes trabalhadoras se mobilizam e exercem o poder diretamente). Por conseguinte, o que chamamos de 'crise da democracia' não ocorre quando os indivíduos deixam de acreditar em seu poder, mas, ao contrário, quando deixam de confiar nas elites, que supostamente sabem por eles e fornecem as diretrizes, quando vivenciam a angústia que acompanha o reconhecimento de que 'o (verdadeiro) trono está vazio', de que a decisão agora é realmente deles. É por isso que, nas 'eleições livres', há sempre um aspecto mínimo de boa educação: os que estão no poder fingem educadamente que não detêm de fato o poder e nos pedem para decidir livremente se queremos lhes dar o poder — num modo que imita a lógica do gesto feito para ser recusado. (Žižek, 2011: p. 114-115)

Junho de 2013 não tem sentidos claros, não tem escolhas ideológicas a priori, ao contrário do tanto que afirmaram os narradores que disputam os sentidos das jornadas. Se algo categórico pode ser dito é que o processo tem uma longa história e uma direção: a ampliação da participação política. Por isso, é inequívoco que outros junhos virão — exceto se o processo for abortado por um regime de exceção (que, inclusive, pode ser resultado da maior participação política). E virão com as mesmas características: fragmentários, em disputa, com pautas múltiplas, com organização rizomática, horizontalizados, mesclando política e cultura e acelerando a participação política das pessoas, inclusive trazendo para as ruas quem nunca antes as habitou. E a sociedade terá que aprender a conviver com isso.

Outra conclusão clara é que a democracia de massas começa a enfrentar sua maior crise. Maior porque é estrutural, não oriunda de disputas que ela pode vencer, como no embate com o nazismo ou com o comunismo. Vencer os inimigos externos é mais fácil que superar os perigos das mudanças internas. Cada vez mais construímos uma sociedade mais aberta, com mais informações, mais acesso ao conhecimento. Tudo o que está surgindo vai na contramão do teatro da democracia brasileira e da maioria das democracias do mundo. O que virá em seguida, com o aumento da tensão, não sabemos.

Mais uma vez Guy Fawkes é preciso: "Um prédio é um símbolo, assim como o ato de destruí-lo. As pessoas dão poder aos símbolos. Sozinho um símbolo não tem sentido. Mas com gente suficiente, explodir um prédio pode mudar o mundo". Pode mesmo, mas para onde? A velha lógica está ruindo, o mundo político vai ajudar nessa derrocada em alguma medida, dependendo da forma como reaja às mudanças. Mas o que vem depois? Por enquanto, só o prédio em ruínas.

Os coletivos: dispersão mobilizadora

Os coletivos estão na origem e ao longo de junho de 2013, disputando a condução das jornadas, sua construção e sua narrativa. Apesar de não serem os exclusivos e, em alguns momentos, sequer os principais atores do movimento, compõem um dos aspectos mais relevantes e reveladores das manifestações.

Junho foi feito a muitas mãos, por partidos, governos, meios de comunicação, empresas e um conjunto insondável de atores sociais. Ainda que a interação com esse tipo de movimento de rua seja novo para todos eles, nenhum deles é novato na disputa política do Brasil. De certa forma, os coletivos não são também, pois estão se constituindo, sem serem valorizados como forma de organização, há muito tempo. Em junho, porém, se impuseram como evidência, como força relevante no jogo político. E não apenas o MPL, mas outros coletivos e movimentos próprios de redes sociais digitais também.

O *Anonymous* é um deles. Eles já faziam parte dos protestos contra o preço das passagens desde o princípio, mas de forma mais apagada. Começam a aparecer com maior frequência quando o movimento se torna massivo e mais incontrolável. Houve um momento de junho em que o objetivo de redução da tarifa foi alcançado e deixou de ser a força motriz do movimento. Nesse ponto, o *Anonymous* assumiu a dianteira ideológica dos atos. Prova disso é a *fanpage* principal do grupo no Facebook, que teve uma guinada explosiva entre os dias 13 e 20 de junho, período que coincide com o de maior crescimento das manifestações. As curtidas, segundo as estatísticas da página, pularam de 7 a 8 mil por semana para cerca de 130 mil. Os fãs saltaram de 400 mil para quase 850 mil. A página era alimentada frequentemente, com muitos *posts* por dia[17]. Os vídeos no YouTube batem, então, em mais de 1,5 milhão de visualizações. Nas ruas, as máscaras de Guy Fawkes são cada vez mais presentes.

O nome *Anonymous* é mundialmente usado onde essa forma de hacktivismo se organiza. Tudo começou em 2003, nos Estados Unidos, como uma brincadeira no *4chan* (www.4chan.org) — site onde várias postagens podem ser realizadas anonimamente, em geral para *trollagem* (um tipo de ação cômica com a finalidade de irritar alguém). "Um lugar estranho para um grupo que ficou conhecido por ações que visavam defender direitos humanos e liberdades individuais", opinam Felinto e Costa (2013: p. 21). No *4chan*, os *posts* duram pouco tempo e não ficam guardados em nenhum histórico; quanto mais pessoas interagem com algum conteúdo, mais ele permanece no site. Numa seção chamada *Random*, as pessoas podem postar qualquer coisa e, quando não é assinado, o conteúdo aparece em nome de "*Anonymous*" (Felinto e Costa, 2013). Ali era possível combinar ações coletivas de massa na internet, no início inofensivas, como a ocupação de um hotel virtual, o *Habbo Hotel*, com vários avatares (personagens criados por usuários para ambientes digitais) com mesma aparência: um homem negro de terno preto (Knappenberger, 2012). O hotel virtual lotava com o mesmo personagem, apenas por diversão. Com isso, os demais usuários do jogo, inconscientes do movimento simultâneo em massa, não podiam usar o serviço. Esse tipo de ação de superlotar um site fazendo com que ele fique indisponível se chama Ataque de Negação de Serviço (*Distributed Denial of Service – DDoS*).

As ações continuaram, com o mesmo tipo de coordenação e de estratégia, mas com outro caráter — um mais político. Em pouco tempo, o *Anonymous* derrubou o site do tribunal de apelações de São Francisco

17 Disponível em: <http://noticias.r7.com/tecnologia-e-ciencia/noticias/ativo-no-facebook-anonymous-assume-lideranca-das-manifestacoes-pelo-brasil-20130620.html>. Acesso em: 24 de março de 2016.

e os servidores do Senado estadunidense, distribuiu, também, milhões de arquivos da Sony — que alegou ter um prejuízo de U$ 150 milhões. Além disso, atacou Visa, MasterCard e PayPal, todos serviços financeiros, em solidariedade a Julian Assange — tais operadoras tinham cortado o serviço de doações, principal fonte de renda do site, para o *WikiLeaks* (Felinto e Costa, 2013). Hackearam e-mails da ultradireitista Sarah Palin, do Partido Republicano estadunidense, e compraram um conflito, em vários episódios, com a Igreja da Cientologia em 2008 (Knappenberger, 2012).

A briga com essa organização religiosa começou pequena: um vídeo interno vazou e foi satirizado por usuários da internet. Ele contava "segredos" da cientologia, na voz de Tom Cruise, que apontava os membros da religião em questão como os únicos capazes de intervir em situações críticas, como um acidente de carro ou a reabilitação de criminosos. Essa arrogância no discurso, provavelmente para angariar novos convertidos e manter os antigos, foi ridicularizada em um novo vídeo do *Anonymous*, que acabou viralizando rapidamente. Nesse ponto, a igreja começou a derrubar todas as cópias, reclamar direitos autorais, jogar a lei contra os usuários da rede. E o fez com espantosa eficiência. Atacou, portanto, algo mais sério: a liberdade na internet. "Se você vai violar a liberdade na internet, é melhor se cuidar", diz Myke Vitale, que participou dos protestos contra a Igreja da Cientologia, nomeados *Chanology Project* (Knappenberger, 2012). A luta pelas liberdades é um traço dos movimentos hacktivistas, o que leva às lutas contra regimes autoritários ou autocráticos. Joshua Corman, filósofo, afirma que o *Anonymous* acabou "tendo impacto geopolítico", e que isso é "estimulante e aterrorizante. Depende de como este poder é empunhado" (Knappenberger, 2012).

No documentário *We are legion*, a fala anônima de diversos membros do movimento, de máscaras, sem assinaturas, sintetiza o *Anonymous*: "Lutamos pela liberdade de falar, pelo poder do povo, pela capacidade de protestar contra seu governo, combater o errado, sem censura, principalmente online, mas também na vida real. Temos membros de toda a sociedade, de todos os lugares do mundo e, ainda assim, não temos liderança. É uma só voz, sem individualismo. E por isso não mostramos nosso rosto e nossos nomes. Falamos como um só" (Knappenberger, 2012).

Na disputa com a Igreja da Cientologia, o *Anonymous* apareceu não mais como uma cultura, mas como um movimento, vindo a público com seus bordões num vídeo lançado em 21 de janeiro de 2008. Novamente, é feita referência ao filme *V de Vingança* e ao personagem Guy Fawkes: "Conhecimento é livre. Somos o *Anonymous*, somos uma legião. Não perdoamos, não esquecemos. Espere por nós". O vídeo chamava para protestos nas ruas em todo mundo, e, de forma surpreendente, as pessoas vieram. Foi o primeiro momento em que a militância virtual do *Anonymous* se materializou em ações na rua. E eles eram mais "legião" do que imaginavam.

Todos os traços estão aí, da forma como agem e dos valores que defendem. São um poder sem direção ideológica, mas que ataca governos, sobretudo os que oprimem. Daí sua relevância nas manifestações no mundo árabe, por exemplo. Lutam por liberdade, real e digital. Lutam por direitos humanos, contra preconceitos e contra quem endossa a violência, como Sarah Palin. Tendencialmente, o *Anonymous* é um movimento progressista, atuando em rede, de forma individual e coletiva ao mesmo tempo, com outro modelo de liderança, defendendo a sociedade aberta que a tecnologia permite. O conhecimento é livre; colaboração é a regra; perder-se na multidão, ser a multidão, é o método.

Em junho, quando o *Anonymous* emerge no espaço público no Brasil, alguns traços estão ali, mas não todos. O movimento tem uma construção singular no país, com perfil mais conservador, e se envolve diretamente com o discurso de combate à corrupção direcionado contra o Governo Federal e o Partido dos Trabalhadores. Esse é seu foco e o debate sobre liberdade na internet e sobre o sistema político representativo, negados pelo movimento, não têm espaço. Durante junho de 2013, vídeos assinados pelos *Anonymous* foram produzidos pela juventude do PSDB.

Essa posição levou algumas células a romperem com o *Anonymous Brasil*, como a de Curitiba. Em postagem de 1º de novembro de 2015, o grupo explica que foi dissolvido, que não postaria mais naquela página, e reafirma a posição anunciada em 3 de março de 2014, quando denunciaram o movimento. Dizem:

> Não compactuamos com deturpações da Ideia Anonymous com o fim de defender autoritarismos de quaisquer espécies, militarismos e golpismos! Anonymous é sobre libertação! Vale lembrar que escrevemos, em março de 2014, uma nota em repúdio à Anonymous Brasil que teve grande visibilidade e que denunciava esse falso apartidarismo de certos movimentos "contra a corrupção" — apartidarismo não é apenas não militar por partido algum, mas também é não militar CONTRA um partido específico, como apontávamos já naquela época[18].

Cavalgado por um projeto político-partidário, o *Anonymous Brasil* é apenas uma casca do que é o movimento no mundo. Assim, quando, a partir de 13 de junho de 2013, o movimento começa a hegemonizar as jornadas de junho, o gigantismo das passeatas se volta contra o Governo Federal e teses autoritárias, com as quais o *Anonymous*, por coerência, jamais poderia concordar, ganham as ruas. E o Brasil inventa o *Anonymous* instituído, instrumento da luta partidária, arma do sistema político que deveria negar. De 13 a 20 de junho, quando as jornadas se tornam mais sectárias e conservadoras e quando partidos de esquerda são hostilizados, quem tem maior influência sobre o movimento, tendo desbancado o MPL, é o *Anonymous Brasil*, na luta contra a corrupção, perfeitamente sintonizado com a maior organização empresarial de comunicação do Brasil: o grupo Globo.

---

18 Disponível em: <https://www.facebook.com/AnonymousCuritiba/posts/899230053460260>. Acesso em: 24 de março de 2016.

Outro movimento, não exatamente um coletivo, nesse caso, também ganha espaço e visibilidade neste momento: o Acorda Brasil. É um movimento em rede cujo combate à corrupção, aos políticos e à política é o mote principal. Tem forte viés de direita despolitizada. Seu discurso agressivo tem muito apelo. O movimento bate na Globo, o que é um traço de junho, mas compra todas as agendas da mídia, como a luta contra a PEC 37 — outro traço das jornadas.

Na mesma linha surge o *ChangeBrazil*, financiado pela rede de escola de inglês *Wise Up*, com recursos inclusive do exterior. Esse suposto movimento "espontâneo" de rede tem dinheiro suficiente até para anunciar em estádios de futebol, como acontece, meses antes, em um amistoso nos Estados Unidos do time do Fluminense. O nome, posteriormente, é trocado para Muda Brasil — o que oculta a origem.

Apesar da hegemonia, nesse momento, dos movimentos conservadores, há um número insondável de atores presentes no movimento. Os partidos de extrema esquerda, de esquerda, de direita, de extrema direita, os integralistas, militares com saudades da ditadura e coletivos de diversas naturezas disputavam a hegemonia das manifestações. A disputa, para a esquerda, duraria pouco até se transformar em dúvida entre permanecer ou se retirar. A direita tenta manter as manifestações e potencializar a violência, mas não consegue sustentar os movimentos.

O período em que os movimentos em rede de direita e o *Anonymous Brasil* hegemonizam as jornadas coincide também com a dispersão da violência por práticas mais variadas. Se antes os confrontos entre manifestantes e a polícia produziam violência, agora ela vem de diversos lugares, se torna componente inerente ao movimento, atinge o patrimônio público e o privado e se converte em conflitos entre manifestantes. Os partidos de esquerda, no movimento desde a origem, passam a ser hostilizados, e seus militantes, por vezes, agredidos.

A violência tem várias fontes. A Polícia Militar, militarizada, afeita ainda aos métodos herdados da ditadura, bate. Há denúncia de policiais infiltrados — os chamados “P2” — misturados entre os manifestantes para provocar o conflito e legitimar a resposta truculenta. Os *Black Blocs*, grupo anarcopunk que ataca e destrói símbolos do sistema capitalista no mundo, alegam que a violência é sua estética, advogando sua necessidade e sua eficácia estratégica por ela aumentar a repercussão dos movimentos de protesto. Skinheads, grupos neonazistas, como os Carecas do ABC, estão pelas ruas, confortáveis com o ambiente belicoso. Há delinquência pura e simples, com saques, quebradeiras. Nesse ambiente, até jovens de classe média agridem o patrimônio público, como aconteceu em Curitiba, onde alguns foram captados por câmeras de segurança e posteriormente identificados como alunos de colégios privados. Jovens corteses se transformam em guerreiros violentos, numa inversão do processo civilizatório que Norbert Elias chama de “curialização” (1990): a conversão de guerreiros medievais assassinos em nobres requintados de corte.

A violência passa a ser inerente ao movimento. E tem causa e consequência. A primeira causa é a tensão que os movimentos produzem no Estado, no modelo de democracia instalado, e a forma como esse Estado, com traços marcadamente autoritários, reage. A segunda diz respeito à dispersão. Construídas e conduzidas a muitas mãos e disputadas por diversas forças, as jornadas colocam os divergentes no mesmo espaço, de forma a entrarem em conflito. Além disso, os coletivos e outros movimentos que conduzem junho não têm condições nem experiência para garantir atos pacíficos. Nesse aspecto, os sindicatos, por exemplo, que organizam passeatas de forma centralizada, têm expertise mais que suficiente para conduzir o movimento sem estragos na imagem pública da entidade causados pela violência das suas bases. As passeatas são menores, o público é mais homogêneo e a organização é mais centralizada e eficiente.

Com os elementos de junho — diversidade, gigantismo e falta de experiência dos organizadores —, a violência era praticamente inevitável. Se ela mobilizou as massas a partir do dia 13 ou se essa é, pelo menos, uma hipótese razoável, também o é o poder desmobilizante da violência. Testamos ambas hipóteses. O resultado está à frente.

A violência, ao contrário do que afirmou a cobertura da imprensa, passou a ser um componente inerente aos movimentos a partir do dia 17. Violência de atores organizados, com sentido político, ou violência sem sentido político. De qualquer forma, o ódio compunha o movimento como um todo. As manifestações começam a apresentar vários traços fascistas. Castells, otimista, via os movimentos como momentos em que a indignação superava o medo e um contrapoder, organizado em rede, saía às ruas (2013). Agora, no entanto, a indignação virava ódio e intolerância. O elogio desse novo momento da democracia, necessário, não pode mais suprimir a sua crítica, também necessária.

O grande dia 20

As estimativas apontavam cerca de um milhão nas ruas no dia 20 de junho, em mais de 100 cidades. As estimativas feitas pela PM, em descrédito pela falta de método, agora são acompanhadas pelas distorções deliberadas por razões ideológicas. Impossível saber ao certo quantos foram para as ruas no grande dia 20, mas a sensação era de que o país tinha parado e esperava alguma resolução para algo que ninguém tinha entendido exatamente o que era. Havia muitas disputas sobre junho, políticas e simbólicas, mas quase nenhuma explicação. Afirmações categóricas, análises e vaticínios são todos narrativas que disputam simbolicamente junho e fazem parte do próprio acontecimento. Apenas por acaso ou num *insight* feliz pode-se explicar qualquer aspecto do que estava acontecendo.

O medo se alastra, de diversas naturezas. Há violência explícita e temor de saques, lojas e repartições públicas fecham mais cedo. Muitos estão em manifestações de rua pela primeira vez e há os que receiam o desfecho pela possibilidade de saídas autoritárias, sempre tentadoras em momentos de crise. A história está repleta delas, desde Roma, passando por Hitler e chegando ao Brasil de 1964.

...

O começo. Salvador, 16:50 horas. A polícia lança bombas de gás lacrimogêneo em manifestantes que tentam se aproximar da Arena Fonte Nova, onde, às 19 horas, haveria um jogo da Copa das Confederações. São Paulo, 10 minutos depois. Na praça do ciclista, militantes do PSOL são hostilizados com gritos de “Vai para Cuba!”. 17:15 horas. O militante do PcdoB Jeofafa Fernandes, 49 anos, lembra em entrevista para Piero Locatelli, da Carta Capital, que a exclusão de partidos da cena política, como queriam os manifestantes mais radicais, já aconteceu no Brasil — no golpe de 1964. Campinas tem de 8 a 10 mil manifestantes. Florianópolis, Belém, Fortaleza, Recife, Curitiba, Brasília, Manaus, Porto Alegre, Niterói, Ribeirão Preto, enfim, em praticamente todas as capitais e cidades de porte médio acontecem manifestações. No Rio de Janeiro, 300 mil protestam. 100 mil marcham em São Paulo. Hostilização a partidos, violência da polícia, bombas de gás, balas de borracha, spray de pimenta, lixo queimado, ônibus cercados, equipes de jornalismo agredidas — por policiais e por manifestantes —, depredações. A cena é dantesca. O movimento é incontrolável e não sabe exatamente qual seu propósito. A fragmentação em grupos e o protagonismo individual são as marcas da fragmentação das reivindicações. Dessa fragilidade, o movimento extrai sua força: não há agenda que não caiba nas ruas, não há reivindicação que não possa ser feita.

O desfecho provisório. 21:57 horas. A presidente Dilma chama uma reunião de emergência com parte dos seus ministros. Começa, então, a preparar a defesa do plebiscito da reforma política e os cinco pactos, tentando responder às ruas e interpretar seus desejos. Mais que isso, tenta narrar os desejos das ruas segundo sua perspectiva. Não há narrativa homogênea, cada voz conta uma história. Quantos junhos cabem em junho?

Narrativa sem controle

Patrick Champagne (1998), em *O novo jogo da política*, discorre sobre a maneira como interagem o campo político, o campo das mídias e os cientistas sociais e suas sondagens de opinião pública. No ambiente em que esses atores estão relacionados, o campo político deve dominar os instrumentos e competências da comunicação para que consiga se midiatizar e fazer parte da disputa simbólica que se dá nos meios comunicacionais. O embate midiático dos atores políticos se reflete, supostamente, nas pesquisas de opinião pública, artefatos adornados pela cientificidade, mas também poderosos instrumentos da ação política.

No ambiente descrito por Champagne, relacionam-se nas disputas das narrativas dos acontecimentos e seus efeitos, os políticos, os jornalistas e os sociólogos. Trata-se da configuração própria de um outro tempo, o da era da democracia de massa típica, na qual poucos jogavam o jogo da emissão e muitos desempenhavam o papel da recepção, a qual dependia de outro ator para ser manifestada: os institutos de pesquisa.

E o mundo mudou desde então.

A internet introduziu a multidirecionalidade como uma possibilidade técnica e a colocou nas mãos do indivíduo. A disputa narrativa deixou de ser restrita a poucos atores — na sociedade em rede explodem as múltiplas narrativas.

O evento organizado no Facebook ou disseminado por grupos de WhatsApp ou pelo Twitter é marcado por alguém, mas, depois disso, é construído a muitas mãos — o que temos chamado, neste livro, de lógica distribuída. As mãos que constroem o acontecimento participam dele e disputam sua condução. Isso explica por que, em junho, atores como os partidos de esquerda tenham participado das mobilizações desde o princípio mas perdido o controle quando novos grupos, com apoio da narrativa dos meios de comunicação de massa convencionais, passaram a hegemonizar o movimento. Quando o *Anonymous* ascende, a esquerda passa a ser hostilizada nas ruas, bandeiras vermelhas são queimadas e militantes são agredidos.

Por fim, a narração se torna incontrolável. A construção e condução do movimento de forma multifacetada, com rachaduras inclusive durante os atos — como ocorreu em passeatas de junho —, também se reflete na multiplicidade de pautas. A vagueza de junho é sua força, sim, mas também sua fraqueza.

Sua força porque temas amplos, genéricos, vagos são mais atraentes, permitem que cada indivíduo interprete o que quiser e adira achando defender suas próprias pautas. "Corrupção" e "democracia" são suficientemente vagos e genéricos e têm ampla aceitação no espaço público, até porque, inclusive, os corruptos e autoritários as defendem ou, no mínimo, calam-se sobre elas. Poucos vão erguer as vozes pela corrupção ou contra a democracia. Se o fizerem, serão residuais e ridicularizados. Não se coloca em discussão a relevância desses temas. Todos concordam com a democracia e com o combate à corrupção em espaço público, assim como concordam com o combate à pedofilia, mesmo os pedófilos. Nesse aspecto — vagueza e generalidade — está, também, a força de alguns slogans publicitários, como "*Just do it*" ("*it*" o quê? Qualquer coisa, enfim) ou "*We can*" ("*We*" quem, "*can*" o quê? Também qualquer um e qualquer coisa).

É fraqueza, porque não lhe dá nenhuma direção precisa, não aponta consequências desejáveis. Como escreve Žižek:

> Devemos evitar o essencialismo aqui: não existe um único objetivo "real" perseguido pelos manifestantes, algo capaz de, uma vez concretizado, reduzir a sensação geral de mal-estar. O que a maioria dos manifestantes compartilha é um sentimento fluido de desconforto e descontentamento que sustenta e une demandas particulares. Aqui, novamente, o velho lema de Hegel de que 'os segredos dos antigos egípcios eram segredos também para os próprios egípcios' mantém-se plenamente: a luta pela interpretação dos protestos não é apenas 'epistemológica'; a luta dos jornalistas e teóricos sobre o verdadeiro teor dos protestos é também uma luta 'ontológica', que diz respeito à coisa em si, que ocorre no centro dos próprios protestos. Há uma batalha acontecendo dentro dos protestos sobre o que eles próprios representam. (*in* Maricato, 2013: p. 184-185)

O autor defende que é injusto querer que os manifestantes se exprimam na língua da política institucionalizada, da apresentação de reivindicações claras que possam ser atendidas, da escolha de negociadores para falar em nome do grupo. Há algo totalmente novo acontecendo, que impõe sua própria linguagem e dinâmica.

Apesar disso, ele insiste em achar as motivações de fundo claras, no *Occupy Wall Street*, por exemplo: "i) o descontentamento com o capitalismo como sistema (...); e ii) a consciência de que a forma institucionalizada da democracia multipartidária representativa não é suficiente para combater os excessos capitalistas (...), a democracia tem que ser reinventada" (*in* Maricato, 2013: 187).

E parece evidente que o desconforto com o capitalismo perpassa o *Occupy*, até pelas suas consequências institucionalizadas, como a vocalização do movimento que é feita por Bernie Sanders — senador de Vermont que disputou com Hillary Clinton a indicação do Partido Democrata para concorrer à Presidência da República dos Estados Unidos. Entre as pautas do que, no Brasil, chamaríamos de pré-candidato, estão várias que remetem ao sistema econômico, como a reforma do *Federal Reserve*, o fechamento de bancos muito grandes, a prisão de executivos fraudadores que operam em Wall Street, a redução de juros de cartões e a criação de impostos sobre especulação financeira. O discurso é contundente. Quando se propõe a criminalizar *Wall Street*, Sanders (ou Bernie, como gosta de ser chamado) é duro:

> A verdade é que a fraude se tornou o modelo de negócios em Wall Street. Não é uma exceção à regra. É a regra. E sem uma regulamentação mais rígida, é provável que os investidores e operadores em Wall Street continuem com o comportamento corrupto que todos já conhecemos. Quantas vezes já ouvimos o mito de que os desvios em Wall Street podem até ser errados, mas não são ilegais? Deixem-me ajudá-los a acabar com esse mito.[19]

---

19 Tradução de Carlos Eduardo, no site *O Cafezinho*: <http://www.ocafezinho.com/2016/01/12/as-10-propostas-de-bernie-sanders-que-estao-tirando-do-serio-os-grandes-banqueiros-de-wall-street/>. Acesso em: 25 de março de 2016.

Se o sentimento é de fato “fluido” nas manifestações que varreram o mundo nos últimos anos, na Espanha, no mundo árabe, nos Estados Unidos e no Brasil. É possível generalizar a pauta do *Occupy*? Efetivamente, não. Sequer o questionamento do capitalismo perpassa todos os movimentos. As questões da liberdade, sobretudo da internet, do conhecimento livre, do colaboracionismo, da cultura do compartilhamento, dos conflitos com as leis de direito autoral — condições estruturais dos movimentos que relacionam ruas e redes — nem entram na agenda de Žižek. Após dizer que o esforço é ontológico, não apenas de interpretação, mas da própria essência dos movimentos, nos quais há tensão, nos quais o sentido não está claro, nos quais apenas um desconforto geral é identificável, Žižek empreende o gesto seguinte, que constitui tais movimentos: ele disputa a sua narrativa.

Em geral, os movimentos não são anticapitalistas (*Occupy*), como não são antipetistas (junho), antiautocracias (*Primavera Árabe*) ou antissocialistas (*Indignados*); eles são antipoder. E ganham configurações das mais diversas conforme o poder que combatem. Se é um poder obscurantista, bloqueador da liberdade de informação e das liberdades em geral, como no mundo árabe, ganham conotações de luta por liberdade; quando atacam um governo socialista, preparam o terreno para a vitória da direita, como ocorreu na Espanha com a volta ao poder do Partido Popular nas eleições seguintes aos grandes movimentos; no Brasil, mobilizam dois grupos: jovens de esquerda na luta por mais direitos e por mais Estado e uma massa imensa de pessoas desconfortáveis exatamente com a maior presença do Estado — com políticas de redistribuição de renda, por exemplo, e com maior intervencionismo estatal na economia —, os segundos carregam uma agenda de direita, muitas vezes de luta contra direitos (a antimilitância).

Desconforto? Sim. Com o quê? Com tudo. As manifestações, pelo mundo, mostraram ter um sentido claro: contra os poderes instituídos, políticos ou econômicos. E, ainda que não tenham apontado nenhuma demanda, deixaram claro que a política institucionalizada não é suficiente. O que resolve o impasse? Nem os coletivos saberiam apontar claramente, pois falavam em anarquia (*Black Blocs*), democracia direta (*Anonymous*), volta da ditadura; todas essas bandeiras para criticar o modelo atual, mas sem capacidade de apontar soluções factíveis. Descartando as soluções regressivas (implantação de regimes autoritários), parece cabível aceitar apenas a diretriz que aponta para a radicalização da democracia. Os novos atores, no entanto, não sabem exatamente como promover essa radicalização e podem, assim, endossar soluções regressivas.

Nesse ambiente, a narrativa dos eventos é aberta, ampla, vaga o suficiente para que os movimentos tenham todos os sentidos e nenhum ao mesmo tempo. Para que todos os discursos lhes descrevam e nenhum possa descrevê-los. Uma narrativa descontrolada é o resultado da perda de controle da narrativa, componente dos movimentos. Por isso, muitas tentativas de explicação de junho, no Brasil, mais fazem parte de junho, da disputa narrativa, do que da sua explicação. Isso é evidente no discurso da imprensa até 13 de junho e, depois, na mudança escandalosa de enquadramento. Até esse dia, os atos eram abordados da perspectiva da polícia e do motorista, os jovens eram tratados como vândalos e a cobertura era criminalizante — como de hábito quando se tratam de movimentos sociais. A posição variante de Arnaldo Jabor virou um emblema dessa mudança. No dia 12 de junho, no Jornal da Globo, o último da grade, ele acusou de violentas as manifestações e as comparou com os ataques do PCC (Primeiro Comando da Capital): "Só vimos isso quando a facção criminosa de São Paulo queimou dezenas de ônibus". Duro, ele afirmou que as manifestações eram feitas por filhos da classe média, que ou não precisavam de transporte público ou para quem R$ 0,20 eram irrelevantes, e que pobres nas ruas só mesmo os policiais, atacados com coquetéis molotov. Lançou suspeitas: "não pode ser apenas por 20 centavos", era ignorância política, misturada com rancor e um socialismo dos anos 50 que ainda tinha defensores no Brasil. E finalizou: "Estes revoltosos de classe média não valem nem 20 centavos". A postura é condenável, é claro, pois indica um desejo de combate político e não de explicação, de mobilização da audiência e não do seu esclarecimento.

Mas tudo muda três dias depois, quando, no mesmo espaço, Jabor faz um discurso contrário ao que tinha feito antes. Ele abre dizendo que errou, que não tinha entendido, e tece elogios aos manifestantes: "De repente, reapareceu o povo, de repente, o Brasil virou um mar. Uma juventude que estava calada desde 1992 (...) acordou, abriu os olhos e viu que temos democracia, mas uma república inoperante." Apontou o risco da violência e do vazio, da generalidade das pautas (as duas coisas aconteceram depois e ajudaram a esvaziar as manifestações) e terminou triunfante: "Se tudo correr bem, estamos vivendo um momento histórico lindo e novo. Os jovens terão nos dado uma lição".

A mudança de posição do colunista coincide com a mudança na posição dos meios tradicionais, que passam a afirmar que a violência é residual e que os jovens são heróis da cidadania. Esses meios tentam lançar toda a fúria de um movimento sem direção nem narrativa precisa contra o Governo Federal, apontando na corrupção o motor maior das mobilizações. Tudo isso faz parte da disputa da narrativa. Nesse jogo, Jabor veste as roupas da indignação com personalidade, mas é apenas o editorialista da Globo; sua posição é a posição do próprio veículo, o que ficou evidente em junho.

Os colunistas dos grandes veículos, escolhidos em geral pela posição ideológica, tocaram, com pouca divergência, a mesma música na disputa da narrativa. Há baixa diversidade ideológica dentre os colunistas ligados aos grandes veículos e a grande maioria defende as mesmas posições, com poucas exceções. Em geral, os que não tocam a mesma nota são os que se reservam um papel mais informativo.

As posições de fala dos colunistas ligados à grande imprensa têm grande força pela extensão do público que elas atingem, em veículos consolidados e com grande número de leitores. As interpretações são diversas. Reinaldo Azevedo, colunista da *Veja*, em 19 de junho, escreve:

"Movimento Passe Livre, chamado de pacífico por certa imprensa, se nega a condenar saqueadores e diz que eles são protagonistas de uma 'revolta popular'. E ainda há gente que me pede para aplaudir essa gente! Não há a menor chance de isso acontecer!"[20]. Recusando a mudança em manada do enquadramento pelos grandes grupos empresariais de comunicação, Azevedo teve posição coerente durante todo o processo. Em momento algum defendeu os jovens que iam para a rua. Combateu junho do início ao fim.

Merval Pereira, da Rede Globo, aponta na corrupção o fator primordial das mobilizações: "Mesmo que as reivindicações sejam várias e muitos cartazes exibam anseios mal explicados ou utopias inalcançáveis, há um ponto comum nessas manifestações dos últimos dias: a luta contra a corrupção"[21].

O "blog do Coronel", um espaço do pensamento conservador com flertes com o militarismo, não tinha a mesma visibilidade, mas na disputa tocava a mesma nota:

> Movimento sem lideranças é contra a corrupção. Quem a representa é quem comanda o país: o governo do PT, os partidos e os políticos. Não é preciso grandes habilidades sociológicas para tirar o estrato das manifestações: a revolta é contra a corrupção. E a corrupção tem como representantes visíveis, não necessariamente nesta ordem, o governo petista, os partidos e os políticos em geral. Análise precipitada? Não. Pesquisa realizada pelo Datafolha em São Paulo indicou que 50% dos manifestantes estavam ali para protestar contra ela, a corrupção.[22]

Há uma inversão aqui. Pesquisa de opinião com toda população, a

---

20 Disponível em: <http://veja.abril.com.br/blog/reinaldo/geral/movimento-passe-livre-chamado-de-pacifico-por-certa-imprensa-se-nega-a-condenar-saqueadores-e-diz-que-eles-sao-protagonistas-de-uma-revolta-popular-e-ainda-ha-gente-que-me-pede-pa/>. Acesso em: 25 de março de 2016.

21 Disponível em: <http://blogs.oglobo.globo.com/merval-pereira/post/corrupcao-o-foco-500521.html>. Acesso em: 25 de março de 2016.

22 Blog Coturno Noturno. Disponível em: <http://coturnonoturno.blogspot.com.br/2013/06/movimento-sem-liderancas-e-contra.html>. Acesso em: 25 de março de 2016.

maior parte não-participante das manifestações, expressa o que elas interpretam, não o que o próprio movimento reivindica. A pesquisa do Datafolha mencionada pelo Coronel indica a vitória da narrativa anticorrupção, não a posição do movimento em si. Sustentamos a hipótese de que os meios de comunicação tradicionais disputaram, com sucesso, o sentido das manifestações, ainda que tenham sido hostilizados nas ruas, e de que tiveram grande capacidade de agendar, em certos momentos, as próprias ruas, com pautas como a supervalorizada luta contra a PEC 37 (chamada de PEC da Corrupção) sem méritos para isso.

Marco Villa, professor aposentado da UFSCar, diz, já em 29 de junho: "Deu tudo errado para os petistas: o objetivo das manifestações em SP era desgastar Alckmin e colocá-lo contra a parede. Como controlam a prefeitura e o Planalto, falta o Palácio dos Bandeirantes. A estratégia foi um desastre. Pior ainda quando Rui Falcão ordenou os petistas ir para as ruas"[23]. Narrativa ousada, pois Alckmin chegou a dispensar o ponto de servidores públicos para que eles participassem dos atos. O então governador de São Paulo tentou potencializar as mobilizações quando sentiu que a narrativa colocaria o máximo de culpa no governo federal e que a pauta de origem — o transporte público — de âmbito municipal, seria secundada na narrativa do movimento, como pudemos constatar.

Demétrio Magnoli, outro nome sempre ouvido pela imprensa comercial, fez uma análise mais sensata, mas sem deixar de lançar a responsabilidade no PT:

> A escala faz a diferença. As quimeras das seitas esquerdistas tornaram-se inaudíveis nos protestos de multidões. No lugar delas, desenhavam-se os contornos de uma agenda implícita, ainda não cozida no fogo da linguagem política. As pessoas estão fartas do governo e da oposição, da corrupção e da impunidade, da arrogância

---

23 Blog do Marco Villa. Disponível em: <http://www.marcovilla.com.br/tag/passe-livre>. Acesso em: 25 de março de 2016.

e do cinismo, da soberba e do descaso. O estádio superfaturado, o ônibus superlotado, a escola arruinada, a inflação, a criminalidade, o Dirceu e o Eike — é sobre isso que falam os manifestantes, ecoando palavras de milhões ainda inseguros quanto à conveniência de protestar nas ruas. O inimigo, que ninguém se engane, é toda a elite política reorganizada durante a década de balofa euforia do lulopetismo. Um preocupado Gilberto Carvalho alertou contra a tentação de "tirar proveito político, de um lado ou de outro" dos eventos da segunda-feira. Mestre no ofício de "tirar proveito político", ele já percebeu que um ciclo se fechou.[24]

Cidadania, cidadania, cidadania. O povo contra a corrupção, contra a elite política, contra os danos causados, por anos, pelo governo PT à nação. É uma perspectiva que cabe. Junho pode ser qualquer coisa. A esquerda, a partir do dia 13, começa a manifestar cada vez mais espanto e tenta analisar e narrar o que se tornaram os atos contra o aumento da passagem. Foram 7 dias de susto e incompreensão, quando posições mudaram, quando análises e mais análises foram feitas, nas quais alguns disputaram o movimento e sua narrativa e outros o combateram. O caráter fascista do movimento, o ódio e a intolerância nas ruas são as tônicas destas narrativas:

> A partir do 7° ato (20.06), percebia-se nas ruas e redes sociais a apresentação de uma extensa agenda de insatisfações e a tentativa de expurgar aqueles que deram origem às manifestações: movimentos sociais, coletivos organizados e partidos de esquerda. Os mesmos que gritavam "sem violência" foram protagonistas de um ataque violento aos membros de partidos que integravam a manifestação.
> Vimos muita truculência por parte dos autointitulados "nacionalistas". Vimos pessoas com bandeira do Brasil e máscaras do Guy Fawkes ("V de Vingança") agindo como reacionários. Sentimos na pele um clima de tensão, em que "antipartidários" se exaltavam raivosamente ao exigir que bandeiras de partidos fossem baixadas e queimadas: "o ato é do povo brasileiro, não dos partidos", gritavam cegos e indignados. Em síntese, presenciamos a maior passeata de caráter integralista de nossas vidas. (Clara F. Figueiredo, Lucas Amaral de Oliveira, Rafael de Souza e Rafael Schincariol, pós-graduandos na USP e militantes de coletivos de esquerda)[25]

---

24 Disponível em: <http://oglobo.globo.com/opiniao/protesto-8745846>. Acesso em: 25 de março de 2016.

25 Disponível em: <http://www.brasildefato.com.br/node/13333>. Acesso em: 25 de março de 2016.

O professor de jornalismo da UNB Samuel Lima também manifestou sua visão do que estava acontecendo, com apreensão:

> Ódio de classe, intolerância e truculência marcaram as manifestações gigantes do dia 20 de junho, numa imensa catarse coletiva pós-moderna, mobilizada a partir das redes sociais. Não por acaso, jovens do PSTU, PSOL, PT, MST e até do MPL, o protagonista com mais legitimidade, apanharam nas ruas das principais capitais do país, simplesmente porque estavam vestindo cores e/ou portando suas bandeiras vermelhas. Os dados do Tribunal Superior Eleitoral (TSE) nos dizem que mais de 15 milhões de brasileiros (7,9% da população) são filiados aos 29 partidos que atuam no país. Se esses cidadãos resolvessem aparecer nas ruas talvez recebessem o mesmo tratamento dos "sem-partido" e "apartidários" em São Paulo, representados pelos grupos neonazistas Carecas do ABC e Carecas do Brasil, que agrediram covardemente manifestantes de esquerda. (Samuel Lima, docente da FAC/UnB)[26]

A mudança no caráter do movimento já vinha sendo percebida e narrada, colocando os coletivos de esquerda em debate intenso sobre como agir: disputar internamente ou combater. Rodrigo Viana, jornalista de esquerda do site *O Escrevinhador*, narra a mudança de posição ideológica das jornadas de junho, ainda no dia 15:

> A guinada reacionário-fascista, portanto, é uma possibilidade nada absurda para este movimento que nasce tão bem-intencionado. Isto, aliás, é que me deixa tão preocupado: os jovens que vi hoje na rua eram... lindos. Lindos. Felizes em seu papel democrático, acreditavam estar desempenhando uma função histórica fundamental. E estão. Mas se não surgir um foco para esta embrionária revolução, o perigo para que ela se desvirtue e seja cooptada pelo que temos de mais reacionário, conservador, atrasado e estúpido é real e imediato.[27]

Poucos dias depois, Marco Weissheimer, jornalista de *Carta Capital*, recusa a tese de que há um movimento em disputa e ataca frontalmente os atos, ainda antes do dia 20, quando esta narrativa fará mais sentido e mais eco:

---

26 Disponível em: <https://objethos.wordpress.com/2013/06/24/comentario-da-semana-mpl-catarse-coletiva-e-o-jogo-midiatico/>. Acesso em: 25 de março de 2016.

27 Disponível em: <http://diariodebordo.cinemaemcena.com.br/?p=3050>. Acesso em: 25 de março de 2016.

> Como jornalista, militante político de esquerda e cidadão, já firmei uma convicção a respeito do que está acontecendo. Uma multidão cuja direção (rumo) passou a ser atacar instituições públicas, sem representantes, sequestrada por grupos de extrema-direita, que rejeita partidos políticos e hostiliza manifestantes de esquerda, não só não me representa como passa a ser algo a ser combatido politicamente. Ou alguém acha que setores das forças armadas e da direita brasileira estão assistindo a tudo isso de braços cruzados? (Marco Aurélio Weissheimer, editor da *Carta Maior*) [28]

E, por fim, essa narrativa é vitoriosa, pelo menos dentre a esquerda. O MPL-SP, ator inicial, denuncia a intolerância, em 21 de junho: "O MPL é um movimento social apartidário, mas não antipartidário. Repudiamos os atos de violência direcionados a essas organizações durante a manifestação de hoje, da mesma maneira que repudiamos a violência policial. Desde os primeiros protestos, essas organizações tomaram parte na mobilização. Oportunismo é tentar excluí-las da luta que construímos juntos"[29].

Dias depois, um blog pouco conhecido, já partindo da narrativa vitoriosa, no campo da esquerda, tenta explicar o que aconteceu:

> Quando existe aderência massificada da população, e esta população não se politizou ainda, ela infla o protesto com discursos ideológicos. Ela enche o protesto de muito pacifismo, muitas reivindicações vazias (contra a corrupção! pela educação!), de bandeiras de Brasil beirando o nacionalismo de cantarmos o hino nacional, e, principalmente, de discursos opressivos, que se já entre as pessoas "politizadas" são sempre prevalentes, entre pessoas que não se politizaram são ainda mais. O machismo, o racismo, o heterossexismo e o discurso higienista burguês são alguns problemas que cada vez mais aparecem relatos de estarem surgindo nestas manifestações recentes, inclusive nos cartazes que estamos segurando e nos gritos que estamos bradando. (*Blog Incandescência*, anarco-feminista)[30]

---

28 Disponível em: <http://cartamaior.com.br/?/Coluna/Nao-ha-um--%27movimento%27-em-disputa-mas-uma-multidao-sequestrada-por--fascistas/28748>. Acesso em: 25 de março de 2016.

29 <http://memoria.ebc.com.br/agenciabrasil/noticia/2013-06-21/movimento--passe-livre-anuncia-que-nao-convocara-mais-protestos-em-sao-paulo>, acessado em 25 de março de 2016.

30 <https://floripamanifesta.wordpress.com/2013/06/23/isso-e-sim-sobre--20-centavos-conservadorismo-nos-movimentos-sociais/>, acessado em 25 de março de 2016.

Jornalistas e militantes são apenas um exemplo. Coletivos disputaram a narração dos eventos, intelectuais o tentaram também, alguns apontando o desconforto com o capitalismo, outros a existência de um pensamento mágico. Todas são narrativas que compõem junho; algumas com pistas, outras meras disputas simbólicas. Não é certo, nem agora, que possamos dar explicações que não sejam, ainda, parte de junho.

...mas chegou julho

Junho foi um mês longo, que terminou antes de julho começar. Em 22 de junho, o ator mais importante do começo dos protestos, o MPL, sai do movimento. Desiste de disputá-lo por dentro. Um dia depois, decide voltar, com protestos na periferia, com uma pauta ampliada, mas específica. Não tem grande sucesso nem recebe cobertura. No dia 24, a presidente Dilma apresenta os cinco pactos: 1) Plebiscito da reforma política e constituinte exclusiva; 2) investimentos em mobilidade urbana; 3) repasse dos royalties do pré-sal para a educação; 4) responsabilidade fiscal e controle da inflação; 5) criação do Mais Médicos. Trata-se de uma disputa de narrativa também, quando o governo interpreta a voz vaga das ruas como reivindicações de aplicação de propostas do governo ou do seu partido.

Em 25 de junho, a Câmara derruba sem dores a PEC 37 — a reivindicação mais fácil de atender, até por ser superestimada nas ruas. Acontecem protestos na periferia, como na favela da Rocinha, e surgem vários protestos, menores, mas específicos. O movimento diminui e passa a acompanhar o calendário da Copa das Confederações.

Em 1º de julho, greve geral chamada no Facebook tem mais de 1 milhão de confirmações, mas desaparece. Nenhuma greve acontece, sinal de que as organizações da democracia institucionalizada não podem ser substituídas pela rede e nem uma assembleia, por adesões a um evento. A aceleração política proporcionada pela internet ainda tem que dialogar com as outras instituições.

Mas as instituições da sociedade civil tradicional, como os sindicatos, pagam o preço do desgaste das suas práticas e discursos e do seu pertencimento ao modelo de democracia que as manifestações questionam. Em 11 de julho, centrais sindicais tentam demonstrar força e chamam greve geral. A paralisação fracassa, em sinal claro da crise de representatividade.

Paira um grande vácuo político no ar.

Procedimentos metodológicos

Questionário e aplicação

Este projeto começou a ser elaborado no Prezi, ferramenta on-line colaborativa de apresentação de trabalhos (https://prezi.com/nq8rfjp3h37x/manifestacoes-de-junho/). Uma parte do conteúdo que compõe este livro está nessa apresentação. A partir dela, começou a ser formulado o questionário, que foi apresentado, no segundo semestre de 2013, a um grupo de 90 alunos, divididos em duas turmas, do curso de Comunicação Social da UFPR. Eram jovens de 18 a 19 anos, em geral, que serviram como primeiro espaço de discussão e crítica do instrumento. A metodologia seria, portanto, quantitativa (*survey*), aplicada em jovens curitibanos de 15 a 29 anos, com estratificação baseada nos dados do Censo do IBGE – Instituto Brasileiro de Geografia e Estatística.

O questionário traz as seguintes variáveis: a) Sexo; b) Idade, com três faixas: de 15 a 19, de 20 a 24 e de 25 a 29 anos, conforme estratificação do IBGE; c) Etnia (branca, preta, parda e amarela ou indígena); d) Escolaridade (1º grau, 2º grau, graduação e pós-graduação incompletos ou completos; e) Renda familiar, por salários-mínimos (sem, até um, de um a dois, de dois a três, de três a cinco, de cinco a dez, de dez a vinte e mais de vinte); e f) Situação de emprego (trabalhando, não trabalhando, faço estágio e faço trabalho voluntário).

Algumas perguntas poderiam servir também para estratificação. A sétima questionava sobre o número de vezes que o respondente tinha participado das manifestações e servia para comparar respostas de jovens que foram com os que não foram para as ruas. Aconteceram quatro manifestações em Curitiba e por isso as opções iam de nenhuma a quatro.

As questões seguintes testavam hipóteses levantadas até aqui. A oitava visava medir o grau de participação política e em que tipo de ato os jovens já haviam participado antes de junho, partindo das hipóteses de que muitos estavam debutando nessa atividade. A pergunta era sobre que tipo de manifestações eles tinham participado antes, com opção de nenhuma. As demais respostas eram sindicais, de movimentos sociais, religiosas, marchas e outras. Na pergunta nove, perguntamos os motivos para participar das manifestações e, supondo motivações múltiplas, permitimos que as pessoas anotassem até três respostas. Sabíamos de antemão que as respostas não seriam, de todo, confiáveis — partimos da premissa que o envolvimento das pessoas em junho tinha sido muito emocional (indignação, esperança, ódio, medo). Por isso, as respostas deveriam refletir, por um lado, motivações, mas poderiam, também, fazer um retrato de quais narrativas foram vitoriosas em junho, quais discursos deram sentido a um movimento sem sentido preciso. As respostas possíveis eram: protestar contra o aumento da passagem de ônibus, protestar contra a corrupção, protestar contra a violência policial, manifestar insatisfação com o governo, pedir melhorias nos serviços públicos, apoiar quem já estava protestando, exercer a cidadania, curiosidade e outro. Sim, respostas vagas. Essa questão foi uma das que mais tomou tempo nos debates com os alunos, pois era difícil formular, mesmo para eles, motivações precisas. A vagueza foi uma das forças e uma das fraquezas de junho, como já mencionado. A metodologia (*survey*) não permite resultados sólidos para além daquilo que os sujeitos declaram.

As próximas perguntas tratavam sobre como os jovens enxergavam a violência, seja da polícia, seja contra patrimônios públicos e privados, seja entre manifestantes. Havia apenas três opções: aceitável, parcialmente aceitável, inaceitável. A violência, aqui, aparece como força mobilizadora possível. É fator relevante, tanto para trazer pessoas às ruas quanto para afastá-las.

Uma das ideias correntes de junho aparece no discurso, editorializado, de Arnaldo Jabor: a juventude acordou ("O gigante acordou"), os jovens decidiram participar da vida política. Essa hipótese é muito difícil de checar com uma pesquisa de *survey*. Além disso, ela versa sobre o futuro, sobre o grau de interesse e participação dos jovens na vida política a partir dali. As duas questões seguintes questionavam o grau de interesse na última eleição e qual seria o grau de interesse na próxima, a de 2014. Sabíamos que as respostas podiam tender ao discurso politicamente correto ou autoindulgente, mas não há alternativas adequadas no escopo dessa metodologia para averiguar esta hipótese.

A questão das necessidades ou valores como força da militância aparece na pergunta seguinte, sobre quais serviços públicos os jovens utilizavam (transporte, saúde, educação, nenhum ou outros). Os jovens que reivindicavam mais direitos usufruem deles ou lutam pelo valor em si?

As questões seguintes pretendiam medir a posição dos jovens sobre diversos temas polêmicos e, inclusive, apontar o perfil ideológico dos participantes das manifestações. Também pretendia, ao incluir a possibilidade de desconhecimento ou indiferença por um tema, medir o quanto certos assuntos estavam fora da agenda da juventude, quais eles conheciam, quais debatiam, etc. As perguntas eram sobre o posicionamento (a favor, contra, indiferente ou desconhecimento) diante do passe livre, do Bolsa Família, da reforma política, da estatização do transporte público (condição, na concepção do MPL, para o passe livre), do movimento LGBT, do movimento feminista, da descriminalização do aborto e da maconha, das cotas sociais e cotas raciais.

A complementaridade dos meios aparece nas questões seguintes. Supomos que os meios unidirecionais e os multidirecionais cumpriram papéis diferentes em junho, um narrando e o outro organizando os movimentos. A união desses atores foi fundamental para a fase de gigantismo de junho, entre os dias 13 e 20. As perguntas eram: por qual meio o participante acompanhou os acontecimentos e por qual ficou sabendo onde seriam as manifestações, com possibilidade de marcar até três opções, entre as seguintes: TV, rádio, jornal, sites de notícia, Facebook, Twitter, blogs e outros.

A mudança abrupta de posição dos meios de comunicação tradicionais (duas vezes, pois houve retorno no final à cobertura criminalizante) foi percebida pelos jovens? Respostas possíveis eram contrária às manifestações, neutra, a favor das manifestações e às vezes contrária, às vezes a favor das manifestações. A resposta dos governos também foi testada. Partimos da premissa de que os jovens teriam muita dificuldade para identificar as respostas dos diversos níveis de governo e, por isso, a questão era sobre as respostas dos poderes públicos em geral, com opções ótima, boa, razoável, ruim, péssima e não sei. Tende a captar, também, mais um discurso antipolítica do que uma avaliação consistente.

Por fim, era necessário medir o potencial, declarado, de novas manifestações, com questões sobre se as pessoas tinham intenção de participar de outra manifestação e quais seriam os motivos que as levariam para a rua. Aqui, mais uma vez, aparece a força dos discursos e o quanto eles obtêm de adesão. As motivações reais das pessoas ficam além das possibilidades metodológicas. A violência, de qualquer forma, aparece como fator de potencial desmobilização. As respostas possíveis eram: eu vou de qualquer forma, vou se não tiver partido político, vou se for chamada por coletivos como o MPL, vou se meus amigos forem, vou se não houver violência policial, vou se não houver vandalismo, vou se tiver pauta definida, não vou participar e outro.

Por fim, a última questão era apenas para os que não participaram das manifestações e, nesse caso, mira em respostas mais concretas sobre os motivos para não terem participado: não tinha pauta definida, violência, não participo de manifestações de rua, não ia resolver nada, não sabia, meus pais não deixaram, tinha outras prioridades e outro.

O formulário foi submetido a dois pré-testes, o primeiro *online*, em setembro, e o segundo presencial, nos dias 24 e 25 de outubro de 2013, com entrevistas realizadas na própria UFPR, pelos alunos. Foram identificadas ambiguidades, questões insuficientes, dúvidas e, a partir disso, feitos ajustes. Também foi medido o tempo para responder aos questionários, que ficou entre 5 e 7 minutos na grande maioria das aplicações.

As aplicações, presenciais, foram feitas entre o dia 4 e 19 de novembro de 2013. Os alunos foram os aplicadores e, para garantir a homogeneidade dos procedimentos, foram orientados em sala de aula e receberam as seguintes instruções por escrito:

1. Informe ao entrevistado seu nome;
2. Informe que a UFPR é a promotora da pesquisa;
3. Informe que o tema da pesquisa é juventude curitibana e as jornadas de junho;
4. Informe que a pesquisa é totalmente anônima;
5. Peça o celular do entrevistado, com operadora, e explique, enfaticamente, que ele só será usado para supervisão do aplicador;
6. Se necessário, explique o que é supervisão: que uma outra pessoa poderá ligar para checar se o questionário foi efetivamente respondido pelo entrevistado. Apenas 20% da amostra será supervisionada;
7. Informe que a leva de 5 a 7 minutos para responder o questionário;
8. Informe que o resultado será divulgado pela UFPR;
9. Entregue o questionário para o entrevistado, com uma caneta, para que ele preencha sozinho, mas acompanhe à distância. Nunca olhe como ele está respondendo;
10. Após ele entregar, verifique se o questionário está corretamente preenchido, sobretudo quanto a: a) se não há respostas

duplas, b) se não há respostas em branco, c) se o limite de respostas na múltipla escolha foi respeitado, d) se na questão 8 ele não respondeu "nunca" ou "outra", e) se quem respondeu que não participou das manifestações (e somente esses) respondeu à questão 33;

11. Caso haja erros nas respostas, peça para que o respondente corrija. Se ele se negar, descarte a aplicação.

A forma de aplicação escolhida foi a autoaplicação supervisionada, em que o respondente preenche diretamente o questionário, com base nas instruções dos aplicadores. Esta estratégia, além de tornar o preenchimento mais rápido, ainda visa minimizar as interferências causadas nas respostas pelo próprio processo de aplicação, o que é conhecido como "paradoxo do observador". O observador quer ver as coisas como elas são, mas sua mera presença altera o objeto observado. Não há como eliminar o problema, apenas como minimizá-lo.

Para garantir dispersão dos locais de aplicação, levantamos os bairros de residência dos aplicadores, para verificar se havia suficiente dispersão geográfica pela cidade de Curitiba. Assim, as aplicações foram feitas nos seguintes bairros: Abranches, Água Verde, Alto da XV, Bacacheri, Bairro Alto, Barreirinha, Batel, Bigorrilho, Boa Vista, Bom Retiro, Butiatuvinha, Cabral, Campo Comprido, Capão Raso, Cascatinha, Centro, Cidade Industrial, Cristo Rei, Fazendinha, Guabirotuba, Hauer, Juvevê, Mercês, Novo Mundo, Parolin, Portão, Prado Velho, Rebouças, Santa Quitéria, São Francisco, São João, São Lourenço, Sítio Cercado, Uberaba, Umbará e Xaxim.

Os aplicadores receberam as seguintes orientações para escolha dos entrevistados junto de uma planilha com as metas de amostragem, estratificada, por grupo de trabalho:

1. Observe na planilha de cada grupo o número de homens e mulheres por idade, bem como os percentuais de etnia. Esses dados serão checados posteriormente;

2. Não descarte nenhum questionário respondido, mesmo que o entrevistado esteja fora do perfil requerido. Esses questionários não contarão para efeito de cumprimento da meta de entrevistas. Entregue-os em separado, para que os tabuladores/supervisores saibam que se trata de material adicional, acima das quantidades definidas na amostragem;
3. Não realizamos estratificação por faixa de renda, por falta de dados precisos do IBGE. Mesmo assim, procure entrevistar pessoas de diversos perfis socioeconômicos;
4. Caso precise de mais cópias do formulário, o arquivo está disponível no grupo da disciplina no Facebook, bem como estas orientações.

No dia 21, começou o trabalho de supervisão, de 20% da amostra, e de tabulação. No começo de dezembro, estavam tabuladas 540 respostas. Sessenta e cinco foram agregadas no final de 2014, após passarem por uma segunda checagem de supervisão. Cinquenta e quatro questionários foram descartados na supervisão, com inconsistências ou por impossibilidade de checagem.

Estratificação

A estratificação usou como base o Censo do IBGE de 2010, que apontou os dados contidos na tabela abaixo. O cálculo da amostra foi feito com margem de erro de 4% e confiabilidade de 95%.

Idades	*Homens*	*Mulheres*	*Percentual H*	*Percentual M*	*Amostra H*	*Amostra M*
15-19	70051	69461	15,10%	15,00%	91	90
20-24	78657	79867	17,00%	17,20%	102	103
25-29	81266	84484	17,50%	18,20%	105	109
Parcial	229974	233812	49,60%	50,40%	298	302
População	463786				600	

Além de estratificar por idade, também foi feita a proporção por etnia, com base também nos dados do IBGE, para a faixa dos 15 aos 29 anos.

Etnia	*População*	*Proporção*	*Amostra*
Brancos	359164	77,44%	465
Pretos	13796	2,97%	18
Amarelos e indígenas	6361	1,37%	8
Pardos	84486	18,22%	109
	463807	100,00%	600

Não foi feita estratificação socioeconômica, por falta de dados mais precisos.

Ao final, foram tabuladas 605 respostas válidas, mas apenas 581 foram consideradas na amostra. Vinte e quatro respostas foram eliminadas aleatoriamente, sobretudo, de homens de 15 a 19 anos, brancos e amarelos ou indígenas, para proporcionalizar a amostra à população. Com isso, apenas a proporção de idade não foi atingida, pois foi mais difícil encontrar jovens com mais de 24 anos nas ruas, tendo em vista que eles tendem a estar mais no mercado de trabalho. Na proporção de pretos e pardos houve discrepância, mas isso provavelmente é efeito do método de aplicação. Com aplicação supervisionada, diminuindo o paradoxo do observador, mais jovens se autodeclararam pretos, o que fez o percentual atingir 4,6%, ante 2,97% do IBGE.

No total de pretos e pardos, os dados fecham. Veja os gráficos das primeiras variáveis.

Sexo

		Frequência	Percentual	Percentual válido	Percentual acumulado
Válido	Homem	288	49,6	49,6	49,6
	Mulher	293	50,4	50,4	100,0
	Total	581	100,0	100,0	

Idade

		Frequência	Percentual	Percentual válido	Percentual acumulado
Válido	15 a 19 anos	212	36,5	36,5	36,5
	20 a 24 anos	211	36,3	36,3	72,8
	25 a 29 anos	158	27,2	27,2	100,0
	Total	581	100,0	100,0	

Etnia

		Frequência	Percentual	Percentual válido	Percentual acumulado
Válido	Branca	450	77,5	77,5	77,5
	Preta	27	4,6	4,6	82,1
	Parda	95	16,4	16,4	98,5
	Amarela ou indígena	9	1,5	1,5	100,0
	Total	581	100,0	100,0	

As questões são muitas. Os dados não contam tudo, mas dão pistas. A primeira pergunta sobre junho, em Curitiba, é de que pessoas ele foi feito. Jovens, brancos, de classe média?

Desagregando participação por sexo, vemos que mais homens que mulheres foram para as ruas:

De quantas manifestações participou em junho? *Crosstabulation*

	De quantas manifestações participou em junho?					Total
Sexo	Nenhuma	Uma	Duas	Três	Quatro	
Homem	164	68	37	13	6	288
	56,9%	23,6%	12,8%	4,5%	2,1%	100,0%
Mulher	196	62	22	9	4	293
	66,9%	21,2%	7,5%	3,1%	1,4%	100,0%
Total	360	130	59	22	10	581
	62,0%	22,4%	10,2%	3,8%	1,7%	100,0%

Junho repete a lógica da participação política em outras esferas, com um predomínio dos homens. Além disso, os dados coletados mostram que a questão do perigo das ruas é mais evidente e sensível para as mulheres. A participação por idade mostra o rejuvenescimento das manifestações.

De quantas manifestações participou em junho?

	De quantas manifestações participou em junho?					Total
Idade	Nenhuma	Uma	Duas	Três	Quatro	
15 a 19 anos	129	55	21	5	2	212
	60,8%	25,9%	9,9%	2,4%	,9%	100,0%
20 a 24 anos	121	50	24	10	6	211
	57,3%	23,7%	11,4%	4,7%	2,8%	100,0%
25 a 29 anos	110	25	14	7	2	158
	69,6%	15,8%	8,9%	4,4%	1,3%	100,0%
Total	360	130	59	22	10	581
	62,0%	22,4%	10,2%	3,8%	1,7%	100,0%

Observe-se que na origem, entre os que participaram de todas as manifestações, o índice de 15 a 19 anos é o mais baixo: 0,9%. A participação nessa faixa cresce, mas continua perdendo para as outras duas em quase todas as faixas. Apenas entre os que participaram de apenas uma manifestação (e, pelo tamanho, provavelmente a do dia 20) os mais jovens vencem. Ou seja, eles não estavam na origem, mas fizeram boa parte do crescimento de junho.

De quantas manifestações participou em junho?

Etnia	De quantas manifestações participou em junho?					Total
	Nenhuma	Uma	Duas	Três	Quatro	
Branca	277	107	46	15	5	450
	61,6%	23,8%	10,2%	3,3%	1,1%	100,0%
Preta	19	2	3	2	1	27
	70,4%	7,4%	11,1%	7,4%	3,7%	100,0%
Parda	59	19	9	4	4	95
	62,1%	20,0%	9,5%	4,2%	4,2%	100,0%
Amarela ou indígena	5	2	1	1	0	9
	55,6%	22,2%	11,1%	11,1%	,0%	100,0%
Total	360	130	59	22	10	581
	62,0%	22,4%	10,2%	3,8%	1,7%	100,0%

Junho teve mais brancos que negros. Os autodeclarados pretos foram que menos participaram, com 70,4% de não-participação.

A expectativa em relação à renda se cumpre. Junho teve mais pessoas de rendas mais altas. Entre os muito pobres, 94,4% não participaram. A periferia, enfim, continua em silêncio.

De quantas manifestações participou em junho?

	De quantas manifestações participou em junho?					Total
	Nenhuma	Uma	Duas	Três	Quatro	
Sem rendimentos	19	5	0	0	0	24
	79,2%	20,8%	,0%	,0%	,0%	100,0%
Até um salário mínimo	17	0	1	0	0	18
	94,4%	,0%	5,6%	,0%	,0%	100,0%
Mais de um a 2 salários mínimos	42	9	7	3	1	62
	67,7%	14,5%	11,3%	4,8%	1,6%	100,0%
Mais de 2 a 3 salários mínimos	45	14	3	2	3	67
	67,2%	20,9%	4,5%	3,0%	4,5%	100,0%
Mais de 3 a 5 salários mínimos	82	17	12	1	3	115
	71,3%	14,8%	10,4%	,9%	2,6%	100,0%
Mais de 5 a 10 salários mínimos	76	35	20	7	1	139
	54,7%	25,2%	14,4%	5,0%	,7%	100,0%
Mais de 10 a 20 salários mínimos	49	28	12	8	1	98
	50,0%	28,6%	12,2%	8,2%	1,0%	100,0%
Mais de 20 salários mínimos	28	18	4	1	1	52
	53,8%	34,6%	7,7%	1,9%	1,9%	100,0%
Total	358	126	59	22	10	575
	62,3%	21,9%	10,3%	3,8%	1,7%	100,0%

Militância por valores e disputa narrativa

Junho também teve mais participação de jovens que não trabalhavam. 68,3% dos empregados não estiveram em nenhuma manifestação, mas também é desta faixa o maior percentual de participação desde o princípio: 2,5%. Entre os que não trabalham, esse índice é de 0,5%. Entre os que fazem estágio, universitários portanto, 1,7%. A vanguarda inicial de junho era universitária ou empregada, mais velha e mais multirracial. Estava entre os 20 e os 24 anos e, portanto, com grandes chances de ser recém-formada. Os universitários, sobretudo os movimentos estudantis, foram a vanguarda, os primeiros promotores, e atraíram depois os mais jovens. 50,7% dos estudantes universitários participaram de alguma manifestação em junho. Além disso, tendem a ser da baixa classe média, com ganhos de 2 a 5 salários-mínimos. Também aparece com destaque nessa vanguarda inicial as classes mais altas, com ganhos acima de 10 salários-mínimos. Em linhas gerais, a vanguarda de junho é universitária ou recém-formada, de classe média ou média alta, mais branca que negra, e mais masculina que feminina. O aumento de junho se deu com mais jovens, secundaristas sobretudo, com as faixas de renda mais altas e com mais brancos. Se for verdadeira a tese de que as classes altas tendem a ser mais conservadoras, esses dados em si mostram uma curva para a direita em junho, mas é precoce e desnecessário dizer isso. Outros dados mostram o que foi junho, ideologicamente, se julgado pelo perfil dos jovens que dele participaram. O que é certo é que junho se moveu mais por valores que por necessidades.

O primeiro dado que aponta isso é a baixíssima participação dos que ganham até um salário-mínimo: 5,6% apenas. Essas são as pessoas que mais precisam de serviços públicos, como saúde, transporte e educação — em tese, bandeiras das jornadas nunca confrontadas sequer pela mídia unidirecional. Por que junho não sensibilizou este grupo?

A ausência dos mais pobres em junho não se deve à falta de aderência à defesa de melhores serviços públicos, portanto. Talvez a explicação resida no fato de que essas pautas, ainda que presentes, não foram as principais de junho, como demonstraremos à frente. As relações entre os usuários dos serviços públicos e o perfil dos manifestantes de junho aparecem no gráfico seguinte.

Serviços públicos x participação

	Serviços públicos				Total
De quantas manifestações participou em junho?	Transporte	Saúde	Educação	Nenhum	
Nenhuma	247	105	116	66	357
	59,8%	69,1%	59,2%	71,0%	
Uma	94	20	44	18	128
	22,8%	13,2%	22,4%	19,4%	
Duas	49	19	22	4	59
	11,9%	12,5%	11,2%	4,3%	
Três	15	5	10	4	22
	3,6%	3,3%	5,1%	4,3%	
Quatro	8	3	4	1	10
	1,9%	2,0%	2,0%	1,1%	
Total	413	152	196	93	576

Entre os que usam transporte público, o índice de participação é levemente maior que a média geral: 40,2% contra 38%. O índice se repete, quase igual, nos usuários de educação pública: 40,8% de participação. Isso se deve, provavelmente, à forte presença de estudantes de escolas secundaristas nas manifestações, um dado que aparece em gráficos anteriores. Assim, é razoável supor que junho atraiu os jovens secundaristas por serem jovens mais do que por serem, em parte, usuários de educação pública. Quando o serviço — a saúde pública — se desvincula da idade e todos são potenciais usuários, o tipo de militância que deveria aparecer é por valores. Quase 70% dos usuários do Sistema Único de Saúde não participaram de nenhum ato. Isso indica que a pauta dos serviços públicos mobilizou mais quem tem a saúde pública de qualidade como um valor do que quem a tem como uma necessidade ou, então, para quem era apenas superficial. Entre os que participaram das manifestações, apenas um percentual de 46,1% aponta a melhoria dos serviços públicos como uma das pautas prioritárias. Cada respondente poderia escolher até três motivos, o que torna o número, de fato, pouco expressivo. Ao longo de junho, as pautas iniciais perderam força e os temas específicos perderam espaço para reivindicações genéricas. É o que mostra o gráfico abaixo. Os manifestantes que participaram de quatro atos são os que estavam desde o princípio no movimento. Eles vocalizam as pautas iniciais. Na outra ponta, estão os que participaram de apenas um ato, a grande maioria no grande dia 20. A curva entre um polo e outro descreve a força das narrativas/justificativas e seu movimento ao longo de junho. Comprova-se que não houve um só junho, mas diversos, a partir de mudanças profundas no seu sentido ao longo do tempo e de uma ascensão das pautas genéricas contra as pautas específicas. Além disso, demonstra que as narrativas dos meios tradicionais foram bem-sucedidas em convencer os participantes sobre o sentido do que faziam.

Todas as respostas são, de certa forma, discursos genéricos. Menos genéricas, porém, são as que tratam da passagem de ônibus e da violência. Essas duas narrativas estão no começo de junho, mas perdem força. A curva sobre a passagem vai de 70% para 37,5%, descendente. Ou seja, a decisão do MPL-SP de sair dos movimentos faria sentido também em Curitiba. E mesmo esse índice deve ser relativizado, porque os respondentes indicaram seus motivos quando junho já tinha acabado, quando a descrição das jornadas já tinha se sedimentado razoavelmente. Consideramos, portanto, que a memória do passado está influenciada pela narrativa que o presente faz dele.

Junto com o transporte, outras narrativas/justificativas perdem força. A violência desponta aqui como fator mobilizador de início e tem 20% de resposta, mas baixa para 6,3% no final. O apoio a quem estava protestando também descreve a mesma curva, mas menos acentuada, começando em 20%, oscilando e terminando com quase 15%. Esse discurso é mais vago e, por isso, mantém sua força. Já a melhoria dos serviços públicos, causa também vaga, mas um pouco menos, baixa de 60% para 43,8% — curva descendente só menos acentuada que a do transporte.

Por outro lado, as respostas com opções mais genéricas cresceram, sobretudo as que diziam respeito à corrupção e à insatisfação com o governo. Foram de 50% para 62,5% e de 40% para 62,5%.

Motivos para participar x número de participações

	De quantas manifestações participou em junho?				Total
Motivos	Uma	Duas	Três	Quatro	
Para protestar contra o aumento da passagem de ônibus	48	23	11	7	89
	37,5%	39,0%	50,0%	70,0%	

Para protestar contra a corrupção	80	36	12	5	133
	62,5%	61,0%	54,5%	50,0%	
Para protestar contra a violência policial pelo Brasil (São Paulo, Rio)	8	10	5	2	25
	6,3%	16,9%	22,7%	20,0%	
Para manifestar insatisfação com o governo	80	36	15	4	135
	62,5%	61,0%	68,2%	40,0%	
Para pedir melhorias nos serviços públicos	56	27	12	6	101
	43,8%	45,8%	54,5%	60,0%	
Para apoiar quem já estava protestando	19	6	1	2	28
	14,8%	10,2%	4,5%	20,0%	
Para exercer a cidadania	28	12	8	1	49
	21,9%	20,3%	36,4%	10,0%	
Por curiosidade	14	4	0	1	19
	10,9%	6,8%	,0%	10,0%	
Outro.	5	1	0	1	7
	3,9%	1,7%	,0%	10,0%	
Total	128	59	22	10	219

Há indícios de que se tratava mais de uma batalha discursiva, de uma narrativa para dar sentido à ação (à própria ação) do que de motivações claras. O principal é a perda de força das pautas iniciais, mais concretas, e a ascensão das pautas mais genéricas. Por outro lado, isso demonstra que a narrativa orquestrada pelos meios de comunicação e colunistas conservadores e a estratégia da mídia de lançar o movimento contra o governo não foram infrutíferas. Eles, efetivamente, conseguiram narrar o movimento, de fora. É um sinal inequívoco da força dos meios. Essas curvas mostram o discurso dos coletivos de esquerda com força no início, perdendo força para o discurso dos coletivos de direita. Como junho rejuvenesceu, como os participantes com 15 a 19 anos eram em menor número no começo, poderíamos concluir que quanto mais jovem, mais conservador, e que a juventude de Curitiba tende a se tornar mais de direita. A assertiva parece verdadeira, mas é falsa.

Junho: esquerda ou direita

Vejamos o que pensam os jovens que participaram de junho sobre temas que dividem posições ideológicas, como o Bolsa Família e a descriminalização da maconha e do aborto.

Qual seu posicionamento sobre o Bolsa Família?

Idade	A favor	Contra	Indiferente	Não sei	Total
15 a 19 anos	36	22	13	11	82
	43,9%	26,8%	15,9%	13,4%	100,0%
20 a 24 anos	45	32	7	6	90
	50,0%	35,6%	7,8%	6,7%	100,0%
25 a 29 anos	20	21	5	2	48
	41,7%	43,8%	10,4%	4,2%	100,0%
Total	101	75	25	19	220
	45,9%	34,1%	11,4%	8,6%	100,0%

Os mais jovens são os que têm menos opinião formada. O índice de não sei/indiferente é de 29,3%. Se não são os que tem o maior percentual de apoio ao Bolsa Família (43,9%, abaixo da média geral de 45,9%), são os que tem o menor índice de posições contra: 26,8%. Neste quesito, fica evidente que os mais jovens não são os mais conservadores.

Qual seu posicionamento sobre a descriminalização do aborto?

	Qual seu posicionamento sobre a descriminalização do aborto?				Total
Idade	A favor	Contra	Indiferente	Não sei	
15 a 19 anos	39	31	7	6	83
	47,0%	37,3%	8,4%	7,2%	100,0%
20 a 24 anos	44	24	12	10	90
	48,9%	26,7%	13,3%	11,1%	100,0%
25 a 29 anos	27	19	2	0	48
	56,3%	39,6%	4,2%	,0%	100,0%
Total	110	74	21	16	221
	49,8%	33,5%	9,5%	7,2%	100,0%

Já na questão da descriminalização do aborto, os mais velhos se mostram mais posicionados e mais progressistas, mais alinhados com a agenda dos coletivos feministas.

Qual seu posicionamento sobre a descriminalização da maconha?

Idade	Qual seu posicionamento sobre a descriminalização da maconha?				Total
	A favor	Contra	Indiferente	Não sei	
15 a 19 anos	37	28	15	3	83
	44,6%	33,7%	18,1%	3,6%	100,0%
20 a 24 anos	46	21	17	6	90
	51,1%	23,3%	18,9%	6,7%	100,0%
25 a 29 anos	24	19	5	0	48
	50,0%	39,6%	10,4%	,0%	100,0%
Total	107	68	37	9	221
	48,4%	30,8%	16,7%	4,1%	100,0%

Na questão sobre a maconha, mais uma vez são os mais velhos os mais posicionados e mais progressistas. E, mais uma vez, há um percentual bastante alto de não posicionamento entre os mais jovens: 21,7%. De qualquer forma, não há tendência, não há curva que mostre um maior conservadorismo dos mais jovens. O que há, de fato, são evidências maiores de não posicionamento. No entanto, quando comparamos quem participou das manifestações com os que ficaram em casa, há uma mudança perceptível de posicionamento. Analisemos apenas um gráfico, pois a tendência se repete nos demais.

De quantas manifestações participou em junho? * Qual seu posicionamento sobre a descriminalização da maconha?

	Qual seu posicionamento sobre a descriminalização da maconha?				Total
Quantas manifestações	A favor	Contra	Indiferente	Não sei	
Nenhuma	106	169	70	15	360
	29,4%	46,9%	19,4%	4,2%	100,0%
Uma	54	43	25	8	130
	41,5%	33,1%	19,2%	6,2%	100,0%
Duas	30	22	7	0	59
	50,8%	37,3%	11,9%	,0%	100,0%
Três	17	1	4	0	22
	77,3%	4,5%	18,2%	,0%	100,0%
Quatro	6	2	1	1	10
	60,0%	20,0%	10,0%	10,0%	100,0%
Total	213	237	107	24	581
	36,7%	40,8%	18,4%	4,1%	100,0%

Entre os que não foram para as manifestações, o índice contra a descriminalização é muito maior: 46,9%. Entre os que foram, os índices de a favor variam de 41,5% a 77%, mas sempre mais a favor. No caso do Bolsa Família, a relação é a mesma. Entre os que não foram, os favoráveis são 41,6%, contra a média geral de 43,3%. Sobre o aborto, entre os que não participaram de junho, 44,6% são contra; 37,9% são a favor. Entre os que foram, os índices variam entre 44,1% e 81,8%, conforme a faixa de idade, mas sempre favoráveis.

Com o passar do tempo, junho se tornou mais conservador, mais jovem e mais genérico, mas durante todo o tempo atraiu mais os jovens progressistas do que os conservadores. Há motivações outras, socioeconômicas, que explicam o posicionamento. O Bolsa Família tem seu maior apoio entre os que ganham até um salário-mínimo (72,2%) e de um a dois salários-mínimos (67,2%). As posições, nesse caso, são movidas por necessidades. Daí a tendência das classes baixas de serem a favor de políticas de redistribuição de renda. Os jovens de maior poder aquisitivo se posicionam por valores em si, não por serem beneficiários da política de Estado.

Os dados apontam muito mais para uma ausência de formação dos jovens do que exatamente para uma formação conservadora. As massas emergem, participam da vida política, mas ainda não foram politizadas. Vejamos o gráfico da participação em manifestações antes de junho, desagregado por tipo de manifestações e quantidade de participações em junho.

Manifestações antes * Quantas participou

	De quantas manifestações participou em junho?					Total
Quantas manifestações antes	Nenhuma	Uma	Duas	Três	Quatro	
Nunca participei	303	96	34	10	1	444
	85,1%	73,8%	57,6%	45,5%	10,0%	
Participei de manifestações sindicais	9	5	1	3	3	21
	2,5%	3,8%	1,7%	13,6%	30,0%	

Participei de manifestações de movimentos sociais	22	19	11	10	8	70
	6,2%	14,6%	18,6%	45,5%	80,0%	
Participei de manifestações religiosas	11	4	3	0	1	19
	3,1%	3,1%	5,1%	,0%	10,0%	
Participei de marchas	19	9	11	5	3	47
	5,3%	6,9%	18,6%	22,7%	30,0%	
Outro	6	5	3	3	0	17
	1,7%	3,8%	5,1%	13,6%	,0%	
Total	356	130	59	22	10	577

As massas se mostram menos politizadas. Em junho, apenas a vanguarda tinha boa experiência política e participação ativa em outros movimentos. Os que estiveram em todos os atos são os que mais participaram de outras manifestações e o índice baixa, em quase todas as faixas, de forma tendencial na direção dos que nunca participaram de atos de rua (e nem de junho). Logo, se o acontecimento foi uma erupção, ele se alimentou de uma aceleração mais lenta, com as marchas e, sobretudo, com os movimentos sociais que o antecedem. Dava sinais, portanto.

Poder mobilizador e desmobilizador da violência

Os jovens mais conservadores que não participaram de junho, o que alegavam para ter tomado esta decisão?

Por que não participou das manifestações?

	Responses		Percent of Cases
Por que não	N	Percent	
Não tinha pauta definida	52	9,6%	15,4%
Violência	144	26,6%	42,7%
Não participo de manifestações de rua	49	9,0%	14,5%
Não ia resolver nada	40	7,4%	11,9%
Não sabia	12	2,2%	3,6%
Meus pais não deixaram	62	11,4%	18,4%
Tinha outras prioridades	151	27,9%	44,8%
Outro	32	5,9%	9,5%
Total	542	100,0%	160,8%

Além do descaso, da consideração de que havia coisas mais relevantes a fazer, o que aparece, nessa tabela, é o potencial desmobilizador da violência. Se ela mobiliza, levemente, no começo, no fim será destruidora de junho, como outros dados também mostrarão.

Na questão da violência, as posições são mais matizadas — não há uma divergência homogênea de posições, o que revela uma influência mais clara da experiência de junho nos próprios posicionamentos. Vejamos os dados, desagregando quem participou das manifestações (de 1 a 4) e quem não participou (0):

Violência	Da polícia		Contra patrimônio público		Contra patrimônio privado		Entre manifestantes	
	1 a 4	0	1 a 4	0	1 a 4	0	1 a 4	0
Aceitável	2,7	6,1	7,2	2,8	7,7	2,5	0,9	1,1
Parcialmente aceitável	39,8	52,6	24,4	11,1	12,7	11,4	10,4	13,1
Inaceitável	57,5	41,2	68,3	86,1	79,6	86,1	88,7	85,8

Os jovens que não fizeram junho rejeitam mais a violência contra o patrimônio público e privado e aceitam mais a violência da polícia e entre manifestantes, comparando com os jovens que foram às ruas. Estes rejeitam mais a violência da polícia e entre manifestantes, ou seja: a violência que poderia os atingir ou que os atingiu. A própria experiência justifica essa atitude — uma posição mais pró-manifestantes, mais condescendente com a violência que eles praticaram e menos condescendente com a que eles sofreram.

Mas, em geral, a violência que os manifestantes julgam a mais legítima é a praticada pelo estado, através da polícia. Mesmo que tenha mobilizado os jovens no começo das manifestações, a violência policial não é exatamente um problema. Para 42,5% dos participantes das manifestações, a violência é aceitável ou parcialmente aceitável. Nessa questão há uma clara divergência entre os que participaram de junho e os que não participaram. Para os que ficaram em casa, a violência da polícia é muito mais aceitável: 58,7% pela mesma somatória anterior. Tal discrepância aparece em todas as questões sobre violência. Quanto às agressões entre manifestantes, quem esteve nas ruas condena mais também: 88,7% de inaceitável contra 85,8% de quem ficou em casa. Na questão do patrimônio público e privado, os dados se invertem. Os que ficaram em casa condenam mais: 86,1% de inaceitável para ambos. Já para 68,3% dos que estiveram nas ruas, a violência contra patrimônio público é inaceitável, índice menor do que a rejeição da violência contra patrimônio privado, de 79,6%. Os dados indicam claramente que os manifestantes sentem, na pele, a violência que opera contra eles e a rejeitam.

A relação se inverte para quem ficou em casa, que apoia a ação da polícia, aceita mais a violência entre manifestantes, mas rejeita mais fortemente a violência contra patrimônio público e privado. De qualquer forma, a rejeição à violência da polícia por quem esteve lá e a rejeição, em geral, às outras formas de violência indicam um fator muito forte de desmobilização. Violência mantém as pessoas em casa.

Por outro lado, a recusa mais forte da violência contra patrimônio privado, além de denotar um desprezo maior pelo Estado, também é indício de uma condenação maior da política e da despolitização da massa, também expressa pela aceitação da violência policial. Já os que ficaram em casa têm uma visão mais conservadora e mais alinhada com a narrativa midiática, que foi leve com a crítica à violência policial e pesada, do começo ao fim, com a violência dos manifestantes. Em geral, a violência numa sociedade pacificada deveria ser condenada em todos os seus aspectos, seja pelos cidadãos, seja pelos meios de comunicação. Não é o que se viu. A complacência com certas formas de violência e a aceitação de discursos autoritários faz da mídia sócia do ambiente de intolerância em que vivemos hoje. Ela o alimentou, desde junho. Desde antes, na verdade, mas desde junho de forma mais explícita.

A violência aparece com o um fator central (e desmobilizador) para ações futuras.

Motivos para participar no futuro

	Respostas		Percentual de casos
	N	Percentual relativo	
Eu vou de qualquer forma	53	4,9%	9,3%
Vou se não tiver partido político	140	12,8%	24,6%
Vou se for chamada por coletivos como o MPL	21	1,9%	3,7%
Vou se meus amigos forem	71	6,5%	12,5%
Vou se não houver violência policial	198	18,2%	34,8%
Vou se não houver vandalismo	260	23,9%	45,7%
Vou se tiver pauta definida	224	20,6%	39,4%
Não vou participar	108	9,9%	19,0%
Outro	15	1,4%	2,6%
Total	1090	100,0%	191,6%

A expressão "vandalismo" foi incluída como opção de resposta pois foi o discurso mais intenso e, provavelmente, vitorioso sobre junho. E, por isso, supomos que seria a resposta mais inteligível para os pesquisados. Ela expressa toda sorte de violência contra o patrimônio e seu índice prova que esse tipo de ação afasta muito os jovens dos protestos. O item ficou em primeiro, com 45,7% dos casos — quase metade dos jovens. A falta de pauta definida ficou em segundo, com 39,4%. A violência policial vem em terceiro, com 34,8%.

Estes dados reforçam o poder desmobilizador da violência em junho, o efeito "*black bloc*", explorado intuitivamente pelo campo político como forma de criminalizar e desmobilizar os jovens nas ruas. Os anarquistas passaram a ser um dos argumentos mais fortes para não ir às manifestações. Por outro lado, aparece de novo um certo endosso à violência policial, mais aceita que outras formas de violência ou uma certa idealização da violência praticada pelo Estado.

A dispersão das pautas

Outros aspectos aparecem nos dados. Um deles é o desconforto com a falta de bandeiras mais claras, um sinal da recusa do movimento pelo movimento e da disputa narrativa e organizativa de junho durante o próprio acontecimento. Nesse aspecto, porém, é preciso matizar o dado. A vagueza nas reivindicações opera nas duas pontas: no limite, esvazia o movimento e o torna incapaz de produzir consequências oriundas da sua força. Cada um interpreta a seu modo o que os jovens querem, na falta de reivindicações formuladas por eles mesmos. A fragmentação diminui a força do movimento, mas, por outro lado, constrói seu gigantismo e, contraditoriamente, sua força, conta com o magnetismo dos bons *slogans*, vagos e com poder de produzir múltiplas identificações, como "*We can*". Em dois movimentos, a vagueza é elemento constitutivo. Por um lado, atrai o protagonismo individual: qualquer cidadão pode levar sua pauta para as ruas, fazer seu cartaz, fotografar e postar no Facebook. Isso, até certo limite, amplia a participação, mas opera no sentido contrário quando a proliferação de pautas leva para as ruas, para o mesmo ato em que o cidadão está, reivindicações muito contrárias à sua visão de mundo. Assim, militar por múltiplas causas não é um problema em si, mas militar por causas contrárias é. Foi isso que incomodou e fez com que, no dia 23 de junho, o MPL se retirasse do movimento em São Paulo. A fragmentação é mobilizadora enquanto a contradição não é muito profunda. Por outro lado, há um limite de dispersão também no que diz respeito à quantidade de temas e não apenas à sua direção, se são coerentes ou contrários. Movimentos com pautas muito definidas atraem apenas os que se beneficiam diretamente delas e alguns poucos que militam por valores, que se solidarizam. É o caso das manifestações sindicais. Mobilizam os que lutam por aqueles direitos, no máximo. Pauta definida limita o movimento; pautas genéricas o ampliam, até certo limite de coerência e de quantidade. Quando muitas reivindicações compõem o movimento, mesmo que não contraditórias, eles começam a parecer vagos. É essa vagueza que parece ser rejeitada pelos jovens, não aquela que constrói esse tipo de movimento.

A vagueza relativa, dentro de certos limites de coerência e dispersão, atrai atores múltiplos. Eventos como junho são construídos de forma distribuída e, por isso, têm vários promotores, que devem estar juntos. Vanguardas de direita e de esquerda fizeram junho. No começo, pela esquerda, os movimentos eram pequenos; no fim, pela direita, também minguaram. Quando o movimento foi o mais contraditório, o mais vago e o mais amplo ideologicamente, aconteceram os grandes atos. Essa experiência, no fim, traumática para a esquerda é formativa. Nenhum destes atores voltará às ruas sem a lembrança do que foi junho. Mas voltarão. Por isso, “outros junhos virão”, mas outros, não o mesmo junho.

Os dados aprofundam outras conclusões deste livro. Há uma força despolitizante em curso, que por um lado alimenta o discurso de direita. 24,6% recusam a presença dos partidos nas manifestações, com todos os dados agregados. Os que não participaram das manifestações assinalam 20,6% nessa escolha. Assim, se os jovens que fizeram junho são mais progressistas do que os que ficaram em casa, mesmo assim eles foram contaminados pelo discurso antipolítica. Esse discurso tem dois caminhos: na vertente de direita, leva a líderes salvadores, heróis da nação; pela esquerda, leva à necessidade de novas formas de ação política. Em qualquer sentido, aponta um esgotamento do sistema partidário atual. Os caminhos de solução para essa crise ainda estão abertos.

Por fim, os dados reforçam a derrota, ao longo do tempo, das pautas do MPL. Ator inicial, ao final do evento, o movimento foi narrado com menor relevância do que merece. Apenas 3,7% apontam o coletivo de esquerda como ator reconhecido e legitimado para chamar novas ações.

A recusa genérica aos governos e os efeitos políticos

A maneira como as ações propostas pelos governos foram avaliadas é indicativo de dois aspectos: primeiro, do discurso generalizado antipolítica; segundo, do desgaste da política institucional como um todo. Resta responder se o desgaste da política institucional é conjuntural ou estrutural; se ambos, em que medida?

Em geral, houve uma negação de méritos ao campo político, mesmo com as revogações de aumentos e com o lançamento do Programa Mais Médicos, sob fortes críticas no começo — sobretudo por entidades de representação dos médicos, como o Conselho Federal de Medicina — mas que rapidamente alcançou grande aceitação entre a população. Em 2015, uma pesquisa realizada pela UFMG com 14 mil pessoas em 700 municípios indicou que os usuários do Mais Médicos davam nota 9 para o programa, o que é surpreendente, sobretudo, pelo forte discurso midiático de desconstrução dos serviços de saúde pública. "Entre os usuários ouvidos pela pesquisa, mais da metade (55%) deu nota máxima ao programa, sendo que 89% dos entrevistados deram nota de 10 a 7, 5% avaliaram o programa com notas de 6 a 4 e 1% deu nota de 3 a zero. Outros 5% não souberam responder"[31].

Entre os que participaram das manifestações, as avaliações negativas das respostas do governo são maiores: 67,7% afirmam que a resposta foi ruim ou péssima, 21,8% opinam que a resposta foi razoável e apenas 8,6% dizem que foi boa ou ótima. Já entre os que não participaram, 52,9% acharam a resposta ruim ou péssima, 27,3% avaliam como razoável e 10% como boa ou ótima. Além disso, os manifestantes são mais posicionados: apenas 1,8% não tem opinião ante 9,7% dos não-manifestantes.

---

31 Disponível em: <http://www.cartacapital.com.br/saude/mais-medicos-recebe-nota-9-de-usuarios-diz-pesquisa-3701.html>. Acesso em: 07 de abril de 2016.

O dado pode ser interpretado como um elogio a quem saiu às ruas, mais críticos e mais informados, ou negativamente como uma incorporação mais evidente do discurso midiático, ao qual estariam mais atentos pelo interesse maior nos desdobramentos das jornadas. Aceitemos a primeira hipótese, tendo em vista que outros dados indicam que quem participou de junho é mais progressista do que quem não participou. Somemos a isso o endosso maior à violência da polícia, entre as formas de violência que explodiram em junho, ainda que entre os manifestantes essa aceitação seja menor. De qualquer forma, a polícia bateu nos manifestantes e não sofreu o desgaste que o mundo político sofreu.

...

O quadro que se apresenta é potencialmente positivo e potencialmente negativo. Há possibilidades claras de que junho esteja se convertendo ou já tenha se convertido em maior participação política, em maior interesse crítico pela democracia. Desde então, os acontecimentos apontam de fato uma intensificação do debate político, o que provavelmente está formando mais militantes de esquerda e de direita. É razoável supor que junho é um marco na intensificação da democracia, mas também é razoável, diante do elemento da aceitação da violência do Estado, a hipótese de que há um substrato autoritário no Estado que é aceito pela população. Há condições para a emergência de soluções autoritárias, pela extrema direita. Acontecimentos recentes reforçam esta percepção.

Há um profundo desconforto com o mundo político desde junho e um tensionamento de posições. O Brasil adentrou em julho de 2013 cindido. Grupos políticos de extrema direita se encontraram nos atos e se colocaram em posição de disputa com a esquerda. Junho moveu os atores conservadores da sociedade e potencializou a antipolítica, que favorece em geral a direita e que pode construir jovens críticos, mas que também pode abrir as portas para os regimes autoritários. Tudo está por ser feito ainda.

Os caminhos que se abrem são evidentes. Se a sociedade for politizada, a democracia tende a ser radicalizada; se não for, será atacada. Alguns dados apontam o grau de formação política. Na concepção do MPL, o Passe Livre depende da estatização do serviço, prestado como direito universal, como a Saúde. Defender o passe livre é bandeira genérica; defender ou rejeitar a estatização revela posicionamento político mais à direita ou à esquerda, revela formação política mais consolidada, algum grau de aprofundamento no tema. Veja o gráfico a seguir.

Qual seu posicionamento sobre o passe livre? * De quantas manifestações participou em junho?

	De quantas manifestações participou em junho?					Total
Qual seu posicionamento sobre o passe livre?	Nenhuma	Uma	Duas	Três	Quatro	
A favor	212	70	40	19	9	350
	59,1%	54,3%	67,8%	86,4%	90,0%	60,4%
Contra	45	27	8	2	0	82
	12,5%	20,9%	13,6%	9,1%	,0%	14,2%
Indiferente	54	15	6	1	1	77
	15,0%	11,6%	10,2%	4,5%	10,0%	13,3%
Não sei	48	17	5	0	0	70
	13,4%	13,2%	8,5%	,0%	,0%	12,1%
Total	359	129	59	22	10	579
	100,0%	100,0%	100,0%	100,0%	100,0%	100,0%

O gráfico revela uma diminuição do grau de debate político dos jovens na medida que aumenta o índice de não-posicionamento, chegando a 24,8% em escala crescente (tirando a coluna dos que participaram de quatro manifestações, mas cujo número de respondentes é muito baixo e pouco significativo estatisticamente). Ou seja, quanto mais junho cresceu, mais atraiu jovens com baixa formação política, os que desconheciam os temas em debate, os que não tinham posição. Entre os que tinham posicionamento, aumentam os identificados com uma concepção mais à direita. Os contrários ao Passe Livre são 20,9%, o que revela o crescimento da direita nos protestos e a perda de relevância da pauta inicial. O gráfico abaixo reforça essa percepção e aponta mais claramente o grau como o debate do passe livre se converteu em algo mais consistente sobre política pública. De novo, há aumento da despolitização e aumento das posições contrárias à presença do Estado.

Qual seu posicionamento sobre a estatização do transporte público? * De quantas manifestações participou em junho?

	De quantas manifestações participou em junho?					Total
Qual seu posicionamento sobre a estatização do transporte público?	Nenhuma	Uma	Duas	Três	Quatro	
A favor	132	45	31	13	4	225
	36,8%	34,9%	52,5%	59,1%	40,0%	38,9%
Contra	76	18	14	3	3	114
	21,2%	14,0%	23,7%	13,6%	30,0%	19,7%
Indiferente	79	25	6	1	2	113
	22,0%	19,4%	10,2%	4,5%	20,0%	19,5%

Não sei	72	41	8	5	1	127
	20,1%	31,8%	13,6%	22,7%	10,0%	21,9%
Total	359	129	59	22	10	579
	100,0%	100,0%	100,0%	100,0%	100,0%	100,0%

Mesmo entre os que participaram de apenas uma manifestação, 75,2% tem posicionamento (a favor ou contra) sobre o passe livre. Já sobre a estatização, são 48,9%, uma queda considerável. Além disso, proporcionalmente, nesse segmento há mais pessoas contrárias à estatização, ainda que em números absolutos menores: junho se torna mais conservador e mais despolitizado.

Dito assim, parece um endosso à narrativa de que o grande dia 20 foi um evento fascista, sobretudo em São Paulo. Não podemos generalizar os dados de Curitiba para a capital paulista, ainda que sejam cidades com perfis ideológicos razoavelmente parecidos, como demonstram os resultados eleitorais nacionais das duas últimas décadas. Parece evidente, porém, que a curva de ampliação da participação com maior despolitização e aumento do conservadorismo se repetiu em São Paulo, como em todo Brasil. Ressalte-se, porém, que os índices de quem apoia pautas situadas à esquerda, mesmo que decrescentes ao longo de junho, são majoritários. Junho fez uma inflexão à direita, mas não foi de direita. Pelo menos, não pela análise das posições de quem fez parte dele.

Comparando as posições de quem participou de junho com as dos que ficaram em casa, a rua tende à esquerda. Na questão da estatização, os que ficaram em casa são 21,2% contra, enquanto entre os que foram a apenas uma manifestação o índice é 14%. Os índices sobre passe livre mostram uma leve vantagem para quem não foi em nenhuma manifestação, se comparado a quem foi a uma. Contudo, os dados globais mostram que 59,1% dos que ficaram em casa apoiam a causa, enquanto entre os que foram a pelo menos uma manifestação o número é de 62,7%. Essas duas questões — passe livre e estatização — são as mais sujeitas à mudança de posição ao longo de junho, já que materializam o discurso inicial, que perdeu força efetivamente. Já sobre temas mais permanentes, a distinção entre participantes e não-participantes das manifestações é clara. Vejamos outros dados, comparando quem foi de um a quatro manifestações com quem não foi a nenhuma.

Temas	A favor		Contra		Indiferente		Não sei	
	1 a 4	0	1 a 4	0	1 a 4	0	1 a 4	0
Bolsa-família	45,9	41,6	34,1	34,1	11,4	17,3	8,6	7
Reforma política	83,7	76	2,7	2,8	4,5	9,2	9	12
Movimento LGBT	50,9	35	9,2	15,6	28	33,3	11,9	16,1
Mov. Feminista	50,7	43,6	10,4	11,9	33,5	34,4	5,4	10
Descriminalização do aborto	49,8	37,9	33,5	44,6	9,5	6,7	7,2	10,9
Descriminalização da maconha	48,4	29,4	30,8	46,9	16,7	19,4	4,1	4,2
Cotas sociais	54,8	43,5	27,4	32,9	12,3	12,3	5,5	11,4
Cotas raciais	28,5	21,7	57,5	59,1	11,3	10	2,7	9,2

Em todos os temas, a posição favorável cresce, pouco ou muito, quando se passa dos que não frequentaram as manifestações para os que frequentaram. Além disso, o índice de não posição, por indiferença ou desconhecimento, é sempre maior entre os que não participaram de junho. Os jovens que foram para as ruas são mais posicionados politicamente e, em geral, mais progressistas. Dos temas acima, apenas a reforma política está muito claramente vinculada às questões próprias de junho e, por isso, consideramos que em geral essas posições expressam valores ideológicos para além da própria disputa simbólica das jornadas, revela mais como pensam os jovens e menos como os discursos conseguiram maior ou menor adesão.

A maior politização aparece também nos dados sobre interesse nas eleições. As duas questões (interesse na última eleição e interesse na próxima) tinham como objetivo inicial medir se junho aumentou o interesse dos jovens por política. Como versa sobre o futuro, esses dados estão naturalmente sujeitos às distorções produzidas pela autoindulgência, pela tendência das pessoas de tratar a si mesmas de forma elogiosa. Só isso seria suficiente para produzir uma curva de ampliação do interesse por política e, por isso, nesse aspecto, o dado não é conclusivo. Mas há comparações relevantes.

No interesse pela última eleição, 51% dos jovens que não participaram de junho alegam que acompanharam com interesse ou muito interesse; 49% com pouco ou nenhum interesse. Já entre os jovens que fizeram junho, o índice de interesse e muito interesse sobe para 68,6%. O interesse na próxima eleição sobe nos dois casos, mas, como já dissemos, esse dado não nos parece dos mais relevantes. 66,3% entre os que não foram para as ruas diz que terá interesse ou muito interesse; entre os que participaram esse índice sobe para 85,5%.

O interesse nas últimas eleições é o mais baixo (50%) entre aqueles que participaram das manifestações desde o começo, entre a vanguarda. O dado é coerente com outros resultados. Essa vanguarda de junho, em Curitiba, tem uma atitude de recusa da política, não por desinteresse, mas, talvez, pela presença de coletivos e movimentos anarquistas ou de esquerda que recusa a via institucional de luta. Essa recusa do mundo político se expressa nos índices de avaliação da resposta dos governos. Entre os que não participaram de junho, 52,9% acharam as respostas dos governos ruim ou péssima e 9,7% não sabe. Já entre os jovens que fizeram junho 67,7% acharam a resposta ruim ou péssima e só 1,8% não sabe. Mais críticos e mais posicionados são os jovens que foram para as ruas. Podem também expressar mais um discurso superficial, antipolítica. Seja o que for, o desconforto dos jovens com a democracia como ela está instituída, é claro. Por vias tortas, a recusa à política institucional, presente na vanguarda, acabou se expressando na massa, mesmo na faixa mais conservadora dela.

Complementaridade dos meios

Junho foi feito pela direita e pela esquerda organizadas e por jovens posicionados em todas as faixas do espectro ideológico, ainda que tendencialmente de esquerda. E foi feito pelos meios unidirecionais e multidirecionais, pela TV e pelo Facebook. É bom dizer isso logo de partida para negar o discurso ufanista de que o "Facebook foi pra rua". Foi sim, mas a televisão foi também.

Os meios unidirecionais, baseados em tecnologias que não têm condições técnicas de produzir interação e concebidos como meios de massa, atuaram de forma complementar aos meios suportados na internet e com característica multidirecional, como é o caso das redes sociais digitais. Complementar porque esses meios não realizam as mesmas funções e, historicamente, um meio só concorre com outro quando rouba dele algumas das suas funções, e só conseguiria extingui-lo se suprisse todas elas. Se não fizer isso, descreverá uma história como a da crise no rádio produzida pela TV: roubou funções, no entretenimento e na informação, produziu crise editorial, estética e comercial, mas não acabou com o rádio, pois esse tem características como a mobilidade e velocidade que a TV não consegue suprir. A concorrência da TV custa caro ao rádio, mas não chega nem perto de extingui-lo.

Redes sociais digitais e as mídias unidirecionais tradicionais, mesmo quando veiculadas na internet, realizam funções diferentes. Rádio, TV, jornais, revistas e seus portais produzem conteúdo, mas não podem o recircular. Não interagem, exceto nos limites estreitos da resposta aos seus próprios conteúdos. Podem estimular a ação da sociedade, como fizeram, mas não podem organizar essa ação e, se tentam fazê-lo, o fazem de cima, não por decisões próprias do público. Mantêm, sempre, a relação entre meio e massa.

As redes sociais digitais produzem, a rigor, pouco conteúdo informativo em si, mas têm uma capacidade imensa de fazer recircular textos, fotos, vídeos e áudios num grau de liberdade muito grande, produzindo efeitos de viralização e muitas vezes impondo temas aos meios convencionais, reinterpretando seus conteúdos. Concorrem, portanto, com rádio, TV, jornais e revistas, mas não com as mesmas armas. Ao contrário do que afirma o discurso otimista sobre a tecnologia, não há um conflito instalado, mas relações ambíguas de disputa e reforço. Ambíguas porque a pergunta "os meios multidirecionais digitais confrontam os meios unidirecionais tradicionais?" teria que ser respondida inevitavelmente com "sim e não".

Os meios tradicionais foram criados com base em tecnologias que são locais, pelo seu alcance. As ondas de rádio, pelas quais circulam as mensagens de televisão e de rádio, irradiam para regiões limitadas, sobretudo com o fim do uso de frequências como as ondas tropicais, de alcance nacional. O papel também tem que ser transportado, por um dispendioso sistema de logística, que mesmo assim tem alcance limitado, pois as informações precisam chegar rápido para não perderem atualidade. Por isso, por exemplo, revistas conseguem circular mais longe, pela periodicidade, pela natureza menos perecível das informações que divulgam. Mesmo assim, apesar da imagem de veículos nacionais, são eminentemente locais. Esses veículos podem se organizar em redes, como na área de TV, ou estruturar serviços de fornecimento de informações, como as agências de notícias, para propagar mais longe seus conteúdos. Tudo isso visa substituir a barreira tecnológica e, por esta via, apenas reforçam a percepção da sua existência.

A internet está estruturada de forma nacional e transnacional e, por isso, os serviços, práticas sociais, meios e redes nela suportados têm caráter nacional e transnacional. Aceleram o comércio mundial, a circulação de bens simbólicos — seja entretenimento ou informação —, a criação e o crescimento de organizações transnacionais. A militância política tem capacidade, a partir de então, de se mundializar; identidades e culturas nacionais sentem o peso da concorrência e o perigo da dissolução; meios de comunicação provam, pela primeira vez, o sabor do fim dos limites regionais. O mundo vislumbra o futuro no qual haverá um único mercado, de ideias e de produtos.

Os meios unidirecionais, no entanto, conseguem explorar apenas um aspecto da internet: o fim dos limites regionais. Seu caráter multidirecional é utilizado apenas de forma marginal, na maior agilidade na resposta aos leitores, por exemplo. De fato, esse caráter mais arma o público contra os meios do que dá mecanismos para os meios. E muda o acesso à informação, alterando, de forma profunda, as práticas jornalísticas e submetendo, de forma mais direta, a atividade à crítica do público, ainda que essa crítica seja, muitas vezes, injusta ou enviesada.

Nesse ambiente, mesmo os meios mais conservadores na forma, como as revistas, ampliam seu alcance. A revista *Veja*, por exemplo, a maior do Brasil em tiragem, atinge menos de 1 milhão de exemplares vendidos (http://publiabril.abril.com.br/marcas/veja), com potencial de ter até 4 milhões de leitores. Na internet tem 6 milhões de seguidores na sua página no Facebook, sem contar Twitter e outras redes. Além disso, suas matérias são habilidosas ao explorar polêmicas, fazendo com que sejam disseminadas por usuários que sequer gostam da revista.

Assim, as redes de fato empoderam os meios tradicionais (revistas, jornais, emissoras de rádio e televisão), pois aumentam a disseminação dos seus conteúdos. Nunca os veículos mais tradicionais do Brasil foram tão lidos, vistos, ouvidos; nunca se consumiu tanta informação, de fontes tão diversas. Por outro lado, nunca esses conteúdos puderam ser tão rapidamente confrontados, satirizados, contra-argumentados, desmentidos e denunciados. Os meios unidirecionais têm mais poder, mas enfrentam um público que, proporcionalmente, ganhou mais poder que eles. Agora, as disputas são mais amplas, abertas, tensas e opositivas. O trabalho seminal de José Braga (2006), *A sociedade enfrenta sua mídia*, se torna mais relevante e, ao mesmo tempo, mais carente de revisões, devido a essa ampliação dos espaços de enfrentamento.

De qualquer forma, o papel desempenhado pelas redes não pode ser assumido pelos portais dos veículos dos grandes grupos comerciais, que mantêm a relação unidirecional mesmo numa tecnologia multidirecional. Muitos — talvez a maioria — dos serviços suportados na internet são unidirecionais em essência, usam a interatividade não como constitutiva do próprio serviço, mas como acessório, como no caso dos serviços de *streaming* de vídeo. Assim, jornais e revistas, quando migram para a internet, ampliam sua influência, se tornam potencialmente transnacionais, mas mudam muito menos suas funções, não agem como espaços de circulação, em diversas direções, de informações, como fazem as redes digitais. Assim, há uma disputa por espaço entre meios unidirecionais e meios multidirecionais, mas também uma convergência, uma complementaridade de funções, que faz com que um retroalimente o outro.

Em junho, os atores midiáticos unidirecionais estiveram postos. Sobretudo a televisão, mas também outros atores empresariais da área de comunicação tentaram narrar, intervir e conduzir os movimentos. E foram atacados por eles também. Havia, sim, a contradição posta: os jovens, munidos de uma organização que brotou das redes digitais, confrontaram os meios tradicionais, mas, ao mesmo tempo, potencializaram sua cobertura e permitiram que as pautas narradas por eles ganhassem força — como a luta contra a corrupção e o desgaste do governo federal. Esse paradoxo se apresenta nos gráficos.

Separamos os dados sobre como os jovens se informaram para saber onde seriam as manifestações, apenas com aqueles que efetivamente foram. Testamos o papel organizativo das redes sociais digitais, o caráter de aglutinar pessoas para fazer coisas. Os números são incontestáveis. Lembrem-se que cada respondente poderia assinalar até três respostas. Por isso, o número efetivo de respostas está em "percentual dos casos". "Percentual" é o número proporcional a 100%.

Por quais meios você soube onde e quando seriam as manifestações

	Respostas		Percentual de casos
Meios	Quantidade	Percentual	
Televisão	35	9,2%	15,8%
Rádio	3	,8%	1,4%
Jornal	14	3,7%	6,3%
Site de notícia	50	13,1%	22,6%
Facebook	208	54,5%	94,1%
Twitter	38	9,9%	17,2%
Blogs	24	6,3%	10,9%
Outro	10	2,6%	4,5%
Total	382	100,0%	172,9%

Os números são tão contundentes que falam por si. O Facebook foi a grande ferramenta de organização de junho. A televisão, mídia de maior audiência no Brasil, ficou em quarto lugar, atrás do Twitter e sites de notícia. E lembremos que a TV tentou, a certa altura, levar mais pessoas para a rua. Entre os que foram em apenas uma manifestação, o índice sobe para 21,5% e chega ao segundo lugar, à frente dos sites e

Twitter, ambos com 20%. Mas o Facebook mantém números invejáveis mesmo entre esses: 92,3%.

Se a TV estimulou a massa, mas não a organizou, por outro lado, seu papel na narrativa do que aconteceu foi muito mais relevante. Como a narrativa atinge a todos, não desagregamos esses dados.

Por quais meios você mais acompanhou as manifestações

	Respostas		Percentual dos casos
	Quantidade	Percentual	
Televisão	438	31,0%	75,9%
Rádio	79	5,6%	13,7%
Jornal	148	10,5%	25,6%
Site de notícia	265	18,8%	45,9%
Facebook	374	26,5%	64,8%
Twitter	57	4,0%	9,9%
Blogs	49	3,5%	8,5%
Outro	3	,2%	,5%
Total	1413	100,0%	244,9%

É possível que, em junho de 2013, os vídeos e fotos de manifestantes, projetos como o *Mídia Ninja* e a produção de coletivos tenha abastecido as redes de conteúdos não oriundos dos meios tradicionais, o que potencializa a capacidade de conteúdos alternativos terem narrado o evento sem depender tanto dos velhos atores. Mesmo assim, a TV manteve o posto de número 1: 75,9% acompanharam junho pela TV. O Facebook chegou perto com 64,8%. Resguardem-se aqui as características de cada meio: as redes digitais circulam mais do que produzem conteúdos. Logo, as narrativas do Facebook são, em parte, narrativas dos atores tradicionais unidirecionais. Claro que esse índice alto de acompanhamento pela rede social indica que, de fato, o monopólio da narrativa dos meios tradicionais está perdido, que mesmo os seus conteúdos podem ter circulado com viés de crítica, que se estabeleceu um conflito entre as lógicas das mídias com o empoderamento do público. Mas nada disso nega o empoderamento dos grandes meios comerciais do país.

Esse poder, que parecia perdido, foi redescoberto em junho. Os grupos empresariais de mídia perceberam que mesmo hostilizados, mesmo com poder de monopólio da narrativa fragilizado, as redes ampliaram seu alcance. Essa percepção teve consequências no pós-junho, quando o caráter militante dos velhos atores se acentuou, no combate ao governo federal. Até junho, não sabíamos como as redes tinham aumentado o poder, ainda que de forma reconfigurada, dos meios empresariais. Eles conseguiram narrar junho, vender suas pautas, mas foram tomados como inimigos pelos manifestantes.

Com os dados agregados, 61% acharam que os meios oscilaram a posição, com cobertura às vezes favorável e às vezes contrária. 21,8% acharam a cobertura contrária e 4,1% a acharam favorável. Apenas 13,1% consideraram a cobertura neutra. Os dados são mais reveladores quando desagregados. Entre os que não participaram das manifestações, o índice dos que apontam a cobertura como neutra é o mais alto: 16,8%, sendo que 5,6% acharam a cobertura favorável. A crença na neutralidade da cobertura baixa até chegar a o nos que participaram de três ou quatro manifestações. No geral, apenas 1,8% dos que participaram de, pelo menos, uma manifestação viram cobertura favorável de rádio, TV, revistas e jornais; 7,2% viram uma cobertura neutra; 65,2% viram a oscilação da posição dos meios; e, para 25,8%, a cobertura foi sempre negativa. As ruas, enfim, julgaram os meios com olhos muito mais severos.

Eis o paradoxo: nas bandeiras que sobraram na memória, os discursos dos meios foram vitoriosos, conteúdos políticos ampliaram sua circulação, graças às redes, ou seja, o poder dos velhos atores se mostrou revigorado. Por outro lado, a disputa narrativa incluiu novos atores com grande poder de influência, atores profissionais e atores coletivos. Além disso, na onda de desgaste de todos os atores institucionais — Estado, políticos, sindicatos etc. —, os meios entraram na conta e pagaram o preço, inclusive da sua postura claramente interessada nos efeitos das suas mensagens e não comprometida, sobretudo, com a circulação transparente de informações, como seria de se esperar.

Isso abriu as portas para o ambiente hoje, de meios altamente encurralados, confrontando novos atores e tendo parte do seu poder roubado, mas, ao mesmo tempo, tentando encurralar seus adversários e desfrutando de um novo poder, descoberto recentemente. Isso produz o que temos visto: uma democracia febril.

> No primeiro momento, o MPL-SP, ao tomar como tática as ações de rua e a luta de enfrentamento (em detrimento da via pacificadora da negociação sem luta), conseguiu realizar um feito histórico: pôs em xeque, à extrema-esquerda do espectro político, a engenharia conciliatória solidamente construída por todos estes anos de hegemonia petista no Brasil. (Coletivo Passa Palavra)[32]

Não tenhamos pressa para juntar o que sobrou de junho, para entender o que o antecede ou para ver o que virá. Junho é feito de colaboracionismo, de pessoas que percebem que podem fazer coisas juntas usando a internet como seu instrumento. Junho é uma consequência da ação organizada no *4chan* para abarrotar o *Habbo Hotel* com avatares negros de terno e gravata. A tecnologia aproxima as pessoas para fazer coisas juntas, desde jogar online, coordenar viagens até revoluções contra regimes autocráticos.

No Brasil, a internet já tinha mostrado sua força em eventos como a Marcha das Vadias, cuja propagação não seria possível sem ela e cujas características correspondem à lógica de eventos organizados em redes digitais: múltiplo, cultural, massivo, mas com baixa capacidade de formular demandas mais precisas na área onde atua — neste caso, a luta pelos direitos das mulheres. E por isso recebe críticas de outros movimentos feministas, organizados sob outra tradição cultural e política.

---

32 Disponível em: <http://www.passapalavra.info/2013/06/79985>. Acesso em: 25 de março de 2016

O fenômeno também tinha aparecido em eventos sem nenhuma característica política, como o Dia sem Calças, em São Paulo, ou o Ano Novo Fora de Época, em Curitiba. A tecnologia e a cultura do colaboracionismo juntam as pessoas no mundo simbólico e no mundo real, para as finalidades mais diversas. Não tem sentido político, cultural ou econômico a priori. A única causa que parece ser comum a todos esses movimentos, mesmo aqueles que não reconheçam essa demanda, é a própria liberdade da internet, a circulação livre de informações, de forma multidirecional. E, enquanto ela funcionar assim, haverá colaboração, outros eventos acontecerão e, inevitavelmente, muitos abalarão o mundo político consolidado. Outros junhos virão, de onde nem poderíamos supor, como foi a surpresa e o susto dos rolezinhos. O público exige mais participação, numa perspectiva fragmentária, individual e massiva ao mesmo tempo. E ganha as ruas.

Por isso, junho e suas crias vão tensionar a democracia, daqui para frente, e colocar as velhas instituições em cheque. As consequências são muitas, algumas evidentes:

1. A política institucional, a democracia de massa e o modelo político brasileiro (democracia de coalizão) perdem credibilidade. Se o campo político tiver sensibilidade para se abrir a novas formas de participação, poderá redesenhar a democracia com mais presença dos cidadãos. Hoje, porém, o sistema parece fazer o contrário e se distancia, se fecha — o que aumentará a incompreensão e os conflitos entre sistema político e sociedade;
2. Os movimentos sociais e sindicais sentiram o peso também da crise de representatividade, mas têm amplas condições de reformularem suas práticas e seu modo de organização, bem como de se empoderarem com as redes. Parecem mais propensos a isso do que o sistema político;
3. O movimento estudantil retoma parte do seu protagonismo de outros momentos históricos. A nova forma de organização empodera as redes, e a juventude — os nativos digitais — cria

uma nova vanguarda. Os jovens são os mais preparados para os novos tempos;

4. Porém, os jovens que explodiram em participação em junho são filhos da má-formação política que o país oferece a eles. Junho pôde colaborar com maior interesse por política, seja institucional ou não, e ajudar a superar o quadro. De qualquer forma, jovens sem utopias e pouco politizados podem ser o combustível perfeito para projetos autoritários;
5. Para a esquerda e para a direita, o trabalho de ganhar a juventude está quase todo por fazer. A democracia de coalizão está ruindo e não será refeita facilmente. O país continuará cindido politicamente, de forma cada vez mais clara. Entre utopias e distopias, há um vasto campo a ser ocupado no coração dos jovens;
6. Há mais transparência e, como consequência — como previu Dominique Wolton (2003) há 15 anos — isso nos aparta, nos mostra mais e nos faz ver o quanto não gostamos do outro. Como ensinava Sartre, transparência total não é o paraíso, mas seu contrário: "o inferno são os outros". O Brasil pacífico acabou em junho. De lá para cá, se instaurou o conflito, que não cessa, que continua operando politicamente. Na Síria, a ampliação das divergências levou à guerra civil; na Espanha, deu no crescimento do *Ciudadanos* e do *Podemos*; nos EUA, abriu as portas, à direita, para o antipolítico Donald Trump e, à esquerda, para o "socialista" Bernie Sanders; no Brasil, constrói esse ambiente de permanente conflito;
7. Os meios tradicionais lidam com seus demônios e empunham suas armas. Politizados, levarão sempre o país a posições extremas, se necessário; tentarão pacificar os movimentos políticos, se julgarem conveniente. Em todos os casos, podem ser atropelados.

Os caminhos da nação estão abertos após junho. As formas de organização em coletivos, horizontalizadas e fragmentadas, vão continuar crescendo. Mas qual seu limite político? Até onde elas podem promover mudanças? E quais mudanças? Podemos caminhar para um maior aprofundamento da democracia, para a sua reconfiguração? Ou a crise vai se resolver com alguma saída autoritária?

Crise na democracia se resolve com mais democracia. O resto é desvão. A história tem mostrado como, a cada mudança sensível, o resultado tem sido, sempre, a ampliação da participação dos cidadãos na vida do seu Estado. A questão é como forçar as portas das velhas instituições políticas e aumentar o poder direto da população. Rumamos para isso, de forma dolorosa e por caminhos sinuosos, talvez. Forças contrárias sempre se erguem contra a ampliação da participação dos cidadãos. Quase sempre, são vencidas. O caminho está aberto e tem direção, mas é preciso caminhar.

Junho não acabou. E vai durar muito tempo, porque foi o marco de uma mudança estrutural na democracia. O velho prédio está em ruínas. E as marretas ainda estão a postos.

ADORNO, Theodor W. *Indústria cultural e sociedade.* Paz e Terra, 2007.

BAKHTIN, Mikhail Mikhailovitch et al. *Marxismo e filosofia da linguagem:* problemas fundamentais do método sociológico na ciência da linguagem. São Paulo: Hucitec, 1979.

BARAN, Paul. On distributed communications networks. *IEEE transactions on Communications Systems*, v. 12, n. 1, p. 1-9, 1964.

BARCELOS, Caco. *Rota 66.* A História da Polícia que Mata. São Paulo. Editor Globo, 1992.

BARTHES, Roland. *Fragmentos de um discurso amoroso.* Rio de Janeiro: F. Alves, 1981.

BRAGA, José Luiz. *A sociedade enfrenta sua mídia:* dispositivos sociais de crítica midiática. Paulus, 2006.

BRASIL. Presidência da República. Secretaria de Comunicação Social. *Pesquisa brasileira de mídia 2015 :* hábitos de consumo de mídia pela população brasileira. – Brasília : Secom, 2014.

CARONE, Iray. A Personalidade Autoritária-Estudos Frankfurtianos sobre o Fascismo. *Sociologia em Rede*, v. 2, n. 2, p. 14-21, 2012.

CASTELLS, Manuel. *Redes de indignação e esperança.* Tradução Carlos Alberto Medeiros. Rio de Janeiro: J. Zahar, 2013.

CHAMPAGNE, Patrick. *Formar a opinião:* o novo jogo político. Vozes, 1998.

CHAUÍ, Marilena. O inferno urbano e a política do favor, tutela e cooptação. *Revista Teoria e Debate*, v. 26, 2013.

COSTA, Edmilson (2013). *Brasil: extraordinária jornada de lutas:* Primeiras reflexões sobre as grandes manifestações de massas no País. Disponível em: <http://resistir.info/brasil/jornada_lutas_30jul13.html>. Acesso em: 30 de março de 2016.

DELEUZE, Gilles; GUATTARI, Félix. Introdução: rizoma. *Mil platôs*, v. 3, 1995.

ELIAS, Norbert. *O processo civilizador:* uma história dos costumes. Tradução de Ruy Jungmann. Rio de Janeiro: Jorge Zahar Editor, v. 1, 1990.

FELINTO, Erick; COSTA, Ramon Bezerra. Agenciamentos e anonimato: sobre a experiência do Anonymous. *Revista GEMInIS*, v. 2, n. 2 Ano 4, p. 19-34, 2013.

GHIRALDELLI, Paulo (2013). *A revolução do indivíduo.* Disponível em: <http://ghiraldelli.pro.br/a-revolucao-do-individuo/>. Acesso em: 30 de março de 2016.

HABERMAS, Jürgen. *Mudança estrutural da esfera pública:* investigações quanto a uma categoria da sociedade burguesa. Rio de Janeiro: Tempo Brasileiro, 1984.

HEGEL, G.W.F. *Fenomenologia do espírito* – parte I. Petrópolis: Vozes, 1992.

LAZARSFELD, Paul F.; MERTON, Robert K. *Comunicação de massa, gosto popular e ação social organizada.* Comunicação e Indústria Cultural, São Paulo, TA Queiroz, 1987.

LUKÁCS, Georg. *História e Consciência de Classe.* Editorial Grijalbo, 1973.

MARICATO, Ermínia et al. *Cidades rebeldes:* passe livre e as manifestações que tomaram as ruas do Brasil. São Paulo: Boitempo: Carta Maior, 2013.

MARTINS, Elaide. Convergência e narrativa transmídia no jornalismo: transformações nas práticas e no perfil dos profissionais. In: *BRAZILIAN JOURNALISM RESEARCH* - Volume 11 - Número 2 - 2015.

MATTELART, Armand. *História da sociedade da informação.* Loyola, 2002.

NEGROPONTE, Nicholas; ZELLMEISTER, Gabriel; PETIT, Cuca. *A vida digital.* São Paulo: Companhia das Letras, 1995.

PUTERMAN, Paulo. *Indústria cultural:* a agonia de um conceito. Editora Perspectiva, 1994.

WE ARE LEGION: the story of the hacktivists. Direção: Brian Knappenberger. FilmBuff, 2012. Online. 93 min

WEAVER, Warren. *A teoria matemática da informação.* Comunicação e indústria cultural. São Paulo: Queiroz, p. 155-161, 1987.

WOLTON, Dominique. *Internet, e depois?:* uma teoria crítica das novas mídias. Editora Sulina, 2003.

ŽIŽEK, Slavoj. *Primeiro como tragédia, depois como farsa.* São Paulo: Boitempo, 2011.

Impresso em papel pólen 80g/m², tipologia Playfair 10 / 16, em junho de 2019.